33 MODERNE GOTTESDIENSTE

Doris Walter (Hg.)

33 MODERNE GOTTESDIENSTE

für Gruppen, Familien und Jugendliche

:STYRIA

Die Deutsche Bibliothek – CIP-Einheitsaufnahme

33 moderne Gottesdienste für Gruppen,
Familien und Jugendliche /
Doris Walter (Hg.). –
Graz : Wien : Köln : Verl. Styria, 2002
ISBN 3-222-12948-7

Umschlagbild: „Kreuzvariationen II" von Horst Kollingbaum.
Umschlaggestaltung: Andrea Malek
Druck und Bindung: Druckerei Theiss GmbH, A-9400 Wolfsberg.
ISBN 3-222-12948-7

INHALT

Einleitung … … … … … … … … … … … …   7

I. Themen des Lebens

1. Lebensfreude und Dankbarkeit … … … … … …   10
2. Bewahrung der Schöpfung … … … … … … … …   14
3. Umkehr von Schuld … … … … … … … … …   18
4. Sinnlichkeit und Lust … … … … … … … …   23
5. Leiden ertragen … … … … … … … … … …   27
6. Erlösung vom Bösen … … … … … … … …   32
7. Suche nach Sinn … … … … … … … … …   36
8. Der göttliche Urgrund … … … … … … … …   41
9. Maria, die himmlische Frau … … … … … …   45

II. Anlässe des Lebens

1. Geburtstage … … … … … … … … … …   50
2. Hochzeitstage … … … … … … … … … …   54
3. Schwangerschaft und Geburt … … … … … …   58
4. Verlobung und Hochzeit … … … … … … …   62
5. Schulabschluss und Berufsbeginn … … … … …   67
6. Trennung und Scheidung … … … … … … …   71
7. Unfall und Krankheit … … … … … … … …   75
8. Pensionierung und Rente … … … … … … …   80
9. Älterwerden und Altsein … … … … … … …   84
10. Tod und Begräbnis … … … … … … … … …   88

III. Jahresfeste

1. Adventzeit … … … … … … … … … …   94
2. Weihnachtszeit … … … … … … … … … …   98
3. Fasching / Karneval … … … … … … … …   102
4. Fastenzeit … … … … … … … … … …   106
5. Osterzeit … … … … … … … … … … …   110

6. Pfingstzeit 115
7. Ferienzeit 119
8. Frühlingsfest 123
9. Sommerfest 128
10. Herbstfest 132
11. Winterfest 136

IV. Für Jugendliche
1. Weihnachtszeit 142
2. Osterzeit 147
3. Pfingstzeit 152

Anhang
Hinweis zu den Autoren 159
Verzeichnis der Texte 159

EINLEITUNG

Immer öfter feiern heute spirituelle Gruppen, Freundeskreise und Familien Gottesdienste, die sie gemäß ihren inneren Bedürfnissen frei und kreativ gestalten. Das sind zumeist Wortgottesdienste mit ganz neuen Elementen der Gestaltung.

Denn die offiziellen Gottesdienste der Kirchen sind in ihrer Ordnung fix vorgegeben, sie lassen wenig Freiraum für die persönliche Gestaltung; und sie treffen mit ihren inhaltlichen Aussagen oft nicht mehr die Erwartungen vieler Zeitgenossen. Auch deswegen werden die Kirchen leerer.

Nun gibt es aber viele Gruppen von engagierten Christen, Rand- und Kulturchristen, die in neuer Weise und zu bestimmten Anlässen des Lebens Gottesdienste feiern. Sie möchten ihre Lebensprobleme und Erwartungen im gemeinsamen Feiern zum Ausdruck bringen.

Dieses Buch bietet *33 moderne Gottesdienste* an: zu verschiedenen Themen und Anlässen des Lebens, zu den großen Jahresfesten und für Jugendliche. Sie regen zur Auswahl neuer Inhalte und zu neuen Formen des Feierns an.

Daher verbinden sie Texte aus der heutigen Zeit (von Schriftstellern, Dichtern, Lyrikern) mit einigen Kerntexten aus der Bibel, die für uns heute Gewicht und Bedeutung haben. Es bleibt für die eigene Kreativität und Gestaltungsfreude viel Raum.

Solche Gottesdienste werden gefeiert von *Meditationsgruppen,* von *Bibelkreisen,* von Gruppen der *Selbsterfahrung* und der *Selbsthilfe,* von *Frauen-* und *Jugendgruppen,* von *Freundeskreisen* und *Familien.* Sie haben zunächst die Form der Wortgottesdienste, werden aber durch rituelle Elemente ergänzt.

Für jeden Gottesdienst werden *Texte* ausgewählt, über die in meditierender Weise gesprochen wird: Diese können aus der heutigen Literatur, aus der Bibel oder aus fremden Kulturen stammen; sie können auch von Einzelnen selbst verfasst werden. Diese Texte werden meditiert und auf das persönliche Erleben bezogen.

Ein weiteres Element ist die *Bildmeditation:* Dafür werden Bilder ausgewählt, die den Feiernden etwas über ihre Situation sagen; Bilder der klassischen oder der modernen Kunst, selbst gemalte Bilder oder Fotos. Sie werden in der Meditation auf das eigene Leben bezogen.

Ein weiteres Element sind *Lieder* und *Musik:* Auch sie werden von der Gruppe ausgewählt und vorbereitet; klassische oder moderne Musik; selbst komponierte Lieder und Gesänge.

Wesentliche Elemente sind der *Tanz* und die *Pantomime:* Im freien Tanz drückt die Gruppe ihre emotionale Befindlichkeit aus, die Feiernden lassen sich von der Musik und den Rhythmen in ihren Gefühlen tragen. In der Pantomime drücken einige (oder alle) allein durch Gesten und Bewegungen bestimmte Themen aus, die in der Meditation angesprochen wurden.

Auch das *Rollenspiel* ist ein Element des Feierns: Darin wird eine Erzählung in der Gruppe mit verteilten Rollen nachgespielt; dann wird intensiv über das Spiel gesprochen.

Die *Gebete* des Gottesdienstes können frei formuliert werden, wie es den Bedürfnissen der Feiernden entspricht. Doch es können auch Gebete vorbereitet werden, die Befindlichkeiten der Gruppe zum Ausdruck bringen.

Der *Raum der Feier* soll mit Blumen und Bildern geschmückt werden. Farben und Kerzen, Duftstoffe und Weihrauch haben darin ihren Platz. Es kann auch ein Kirchenraum sein, der dafür geeignet ist.

Ein kleines *Mahl* (Agape) kann sich an die Feier anschließen, bei dem die Feiernden noch über das Erlebte sprechen und damit ihre Gemeinschaft vertiefen. Wenn die Feier in einem Kirchenraum stattfindet, soll das Mahl in einem Nebenraum vorbereitet werden.

Auch viele Randchristen und Kulturchristen haben das Bedürfnis, hie und da dem göttlichen Schöpfer für das Geschenk des Lebens zu danken oder ihm in Situationen der Trauer und des Schmerzes zusammen mit anderen nahe sein zu können. Die Leitung der Gottesdienste kann von Laien und von Priestern, von Frauen und von Männern übernommen werden.

I. THEMEN DES LEBENS

Zuerst sollen Gottesdienste vorgestellt werden, welche die großen Themen des Lebens zum Ausdruck bringen: Lebensfreude und Dankbarkeit, das Erleben von Schuld und Umkehr, die Bewahrung der Schöpfung, die Suche nach Sinn u. a.

1. LEBENSFREUDE UND DANKBARKEIT

Vorbereitung: Einige aus der Gruppe bereiten den Raum für die Feier; sie wählen die Texte für die Lesung und die Meditation aus, ebenso die Bilder und die Musik; sie schmücken den Raum und stellen die Musikinstrumente bei oder bereiten Musik auf Tonträgern vor.

THEMA

In diesem Gottesdienst geht es zum einen um den Ausdruck der Lebensfreude, zum andern um das Erleben der Dankbarkeit vor dem göttlichen Schöpfer. Wir zeigen darin, dass es schön ist, zu leben, zu arbeiten und zu lieben. Vor allem, wir staunen über die vielen Wunder des Lebens und der Welt.

1. BEGRÜSSUNG

Die Leiterin (Der Leiter) begrüßt die Teilnehmer. Sie (er) erläutert das Thema des Gottesdienstes, gibt einen Überblick über den Ablauf und ladet alle zur aktiven Mitgestaltung ein. Begonnen wird mit Musik oder einem Lied. Dann folgen die Lesungen.

2. LESUNGEN

a) *Ich liebe dieses Leben hingebungsvoll und will frei davon sprechen. Es schenkt mir den Stolz meines Menschseins. Dabei ist mir oft gesagt worden: Es besteht kein Grund, stolz zu sein. Doch es besteht ein Grund: diese Sonne, dieses Meer, mein von Jugend überquellendes Herz, mein nach Salz riechender Körper und die Unendlichkeit der Landschaft, wo Zärtlichkeit und Herrlichkeit sich im Gelb und Blau begegnen. Dies zu erobern muss ich meine Fähigkeiten und meine Kraft einsetzen. Es genügt mir, die schwierige Wissenschaft des Lebens zu lernen, die so viel wert ist wie jede Lebensregel. (Albert Camus, Hochzeit in Tipasa, 9)*

b) *Lobe, meine Seele, Gott den Schöpfer. Gott, wie bist du groß, mit Hoheit und Kraft bist du bekleidet. Du hüllst dich in Licht*

*und spannst den Himmel wie ein Zelt aus. Du machst die Winde
zu Boten und das Feuer zum Diener. Den Wassern hast du die
Grenze gezogen, sie dürfen sie nicht überschreiten. Quellen lässt
du in den Bergen sprudeln, allen Tieren spendest du Wasser. Das
Gras lässt du für das Vieh wachsen und die Pflanzen für die
Menschen. Brot schenkt uns die Erde, der Wein erfreut unser
Herz. Den Mond hast du gemacht als Maß der Zeit, du hast die
Sonne geschaffen. Wie zahlreich sind deine Werke, mit Weisheit
hast du alles geordnet. Alle Lebewesen warten auf dich, du gibst
ihnen Speise zur rechten Zeit. Sende deinen Schöpfergeist aus,
und alles wird neu geschaffen. Ich will dem Schöpfergott singen,
solange ich lebe. (Psalm 104)*

3. MEDITATION

Nun lassen alle diese Texte auf sich wirken, sie denken darüber
nach. Dann sprechen sie über ihre Erfahrungen, Gefühle und Gedanken; sie beziehen diese Texte auf ihr persönliches Leben.

4. BILDMEDITATION

Nun wird ein Bild (oder mehrere Bilder) aufgestellt; das können
Fotos oder Bilder der Kunst oder selbst gemalte Bilder sein. Die Teilnehmer lassen diese Bilder auf sich wirken, sie achten auf ihre Gefühle
und Reaktionen. Dann sprechen sie über ihre Erfahrungen und meditieren gemeinsam über diese Bilder; auch hier beziehen sie das Gesehene
auf ihr eigenes Leben.

5. PANTOMIME

Einige aus der Gruppe tanzen nun eine Pantomime, wenn möglich zu Musik. Sie drücken durch Gesten und Bewegungen ihre Lebensfreude aus. Auf Worte verzichten sie, allein die Körpersprache genügt
ihnen. Sie stellen die schönen Seiten des Lebens dar; aber auch das
Leidvolle und Traurige. Die Zusehenden lassen die Pantomime auf sich
wirken, dann sprechen sie über ihre Erfahrungen.

6. ROLLENSPIEL

Nun erzählt einer aus der Gruppe eine kurze Geschichte aus seinem Leben, die ihn sehr berührt hat. Alle sprechen über diese Geschichte. Dann werden die Rollen der Geschichte verteilt, und die Begebenheit wird nachgespielt. Dabei achtet jeder auf seine Gefühle beim Spiel. Die Rollen werden freiwillig übernommen. Nach dem Spiel sprechen alle über ihre Erfahrungen.

7. RITUAL

Die Leiterin (Der Leiter) beschreibt kurz das Ritual, das symbolische Handlungen zum Inhalt hat. Die Gruppe bildet einen Kreis: Jeder Einzelne tritt in den Kreis und spürt darin Geborgenheit. Die Teilnehmer legen ihm die Hände auf die Schultern.

Dann bilden sich Paare, sie halten sich an den Händen und lassen ihre Lebensenergie zueinander fließen. Zum Ende salbt die Leiterin (der Leiter) jeden Einzelnen mit gesegnetem Öl an der Stirn, um ihm Lebenskraft zu übertragen.

8. GEBETE

Du göttlicher Schöpfer, du hast uns das Leben geschenkt, das voller Wunder ist. Wir staunen über die Größe deiner Schöpfung, über den gewaltigen Kosmos, von dem wir nur winzige Teilchen sind. Doch du hast uns Menschen nach deinem Urbild geschaffen, denn du hast uns mit Verstand und mit Gefühl ausgestattet. Als Frauen und als Männer bilden wir dein Geheimnis ab, in dir ist weibliche und männliche Kraft. Du hast uns die Fähigkeit der Liebe und der Begeisterung geschenkt. Wir danken dir für die Schönheit des Lebens, jetzt und allezeit. Amen.

Fürbitten
Du göttlicher Schöpfer, du beschenkst uns reichlich mit Gaben. Höre unsere Bitten:
– *Lass uns das Leben mit Freude und Dankbarkeit annehmen und gib uns die Kraft, das Beste daraus zu machen.*
  A.: Wir bitten dich, erhöre uns.

– *Lass uns nicht über andere Menschen herrschen und auf deren Kosten leben, nicht allein den eigenen Vorteil suchen.*
A.: *Wir bitten dich, erhöre uns.*
– *Stehe den Armen und den Leidenden bei, die es schwer haben im Alltag; schenke auch ihnen die Freude am Leben.*
A.: *Wir bitten dich, erhöre uns.*
– *Lass uns mitten im Überfluss und Wohlstand an Gütern nicht die seelischen Bedürfnisse unserer Mitmenschen übersehen.*
A.: *Wir bitten dich, erhöre uns.*
Darum bitten wir dich, du göttlicher Schöpfer; denn du hast die Welt voller Wunder geschaffen. Wir loben dich und wir danken dir, jetzt und allezeit. Amen.

9. LIEDER

Es werden einige Lieder gesungen, die Freude am Leben und Dankbarkeit ausdrücken. Das können selbst verfasste Lieder sein oder Lieder aus der eigenen Tradition; aber auch Lieder aus fremden Kulturen. Die Gesänge können von Einzelnen vorgetragen oder von allen gesungen werden.

10. TANZ

Das Singen geht langsam in den Tanz über: Alle bewegen sich frei zur Musik, sie drücken in ihren Bewegungen ihre Gefühle und Befindlichkeiten aus: die Freude am Leben, die Dankbarkeit für die Gesundheit, aber auch die Erfahrung des Leidens. Nach dem Tanz folgt eine kurze Pause der Ruhe.

11. MAHL

Die Feiernden setzen sich um Tische (meist in einem anderen Raum); es werden Speisen und Getränke aufgetragen. Die Leiterin (der Leiter) spricht ein Segensgebet:
Guter Gott, du schenkst uns das Brot und den Wein, die Früchte und die Getränke. Du nährst uns reichlich mit deinen Gaben. Segne diese Speisen und unsere Gemeinschaft. Wir loben dich allezeit. Amen.

12. VERABSCHIEDUNG

Alle verabschieden sich und sagen sich gute Wünsche. Sie versprechen einander Begleitung im Alltag und vereinbaren den Termin für den nächsten Gottesdienst.

2. BEWAHRUNG DER SCHÖPFUNG

Dieses Thema ist vielen Zeitgenossen ein großes Anliegen. Denn die Sorge ist berechtigt, dass wir mit unserer Form des Wirtschaftens zu viel an natürlicher Umwelt zerstören. Daher ist es sinnvoll, dass wir auch im Gottesdienst unsere Verantwortung für die Umwelt erkennen. Wir holen uns darin eine starke Motivation, um der ganzen Natur und Schöpfung mit mehr Ehrfurcht zu begegnen. Denn wir glauben, dass der göttliche Schöpfer uns persönliche Verantwortung übertragen hat. Der Kosmosprozess kann kein Zufall sein, er folgt einem göttlichen Plan. Wir Menschen haben darin große Aufgaben, denn wir sind mit Vernunft und Gefühl begabt, wir sind „Abbilder" des göttlichen Schöpfers.

1. BEGRÜSSUNG

Der Leiter (Die Leiterin) begrüßt die Teilnehmer und stellt das Thema des Gottesdienstes vor; er (sie) erläutert den Ablauf und die Inhalte.

2. LESUNGEN

a) *In einem beängstigenden Tempo stürzt die Welt derzeit auf einen möglichen Abgrund zu. Nach Jahrtausenden eines relativen Gleichgewichts mit der umgebenden Natur hat der Mensch in den letzten zwei Jahrhunderten seine natürliche Umwelt in einer Weise verändert, dass ihm der zivilisatorische Fortschritt selber zum Alptraum zu werden beginnt ... Die Menschen haben sich als Herrscher über der Natur gesehen und nur den Verstand und*

*den Herrschaftswillen gelten lassen ... Erst eine neue Geschwis-
terlichkeit mit allen Mitgeschöpfen, eine Rückerinnerung an den
Paradiesmorgen wird eine Form der Religion heraufführen, in
welcher Ökologie und Ökonomie, Leib und Seele eine Einheit
bilden. (Eugen Drewermann, Der tödliche Fortschritt, 7. 406)*
b) *Dann segnete der Schöpfergott den Noach, seine Söhne und
Töchter. Denn als seine Abbilder hat er die Menschen geschaffen. Er sprach zu ihnen: Seid fruchtbar und vermehret euch,
bevölkert die Erde. Einen Bund schließe ich mit euch und euren
Nachkommen, mit allen Lebewesen bei euch, mit den Vögeln,
dem Vieh und den Wildtieren. Nie wieder soll eine große Flut
kommen und die Lebewesen vernichten. Meinen Regenbogen
setze ich zwischen mir und der Erde, er soll mein Bundeszeichen
sein. (Genesis 9,1–14)*

3. Meditation

Die Feiernden lassen diese Texte auf sich wirken, sie denken still
darüber nach. Dann beginnen sie, darüber zu sprechen, wie sie diese
Texte erleben. Sie sprechen auch darüber, was sie selber zur Bewahrung
der Natur und Umwelt tun können und wollen.

4. Bildmeditation

Dann wird ein Bild aufgestellt, das die Bedrohung der Umwelt
zum Ausdruck bringt; das kann auch eine Serie von Fotos sein; oder es
können selbst gemalte Bilder sein. Die Teilnehmer lassen die Bilder auf
sich wirken, sie meditieren darüber. Dann sprechen sie darüber, was
das Bild in ihnen auslöst und was sie zur Bewahrung der Schöpfung tun
wollen; sie sprechen über persönliche Lernprozesse.

5. Pantomime

Danach versucht eine Gruppe, das Thema des Gottesdienstes
durch eine getanzte Pantomime darzustellen. Sie drückt (wenn möglich
zu Musik) die Ausbeutung und Knechtung der Natur durch uns Menschen aus; den Umgang mit den Tieren, dem Wasser, der Luft, der Erde,

den Pflanzen. Im zweiten Teil wird eine veränderte Haltung der Ehrfurcht und der Schonung ausgedrückt. Alle lassen den Tanz auf sich wirken.

6. ROLLENSPIEL

Nun erzählt einer aus der Gruppe eine kurze Geschichte, die er selbst erlebt hat und die mit dem Thema zu tun hat; eine Situation, in der um den Schutz der Umwelt gerungen wurde. Dann werden die Rollen verteilt, und die Geschichte wird gespielt. Die Spieler versuchen, authentisch zu sein; sie achten auf ihre Gefühle. Am Ende sprechen alle darüber, wie sie dieses Spiel erlebt haben und was sie daraus lernen möchten.

7. RITUAL

Es bilden sich Paare; diese umarmen sich und sagen sich gegenseitig, dass sie zur Bewahrung der Schöpfung beitragen wollen. Dann legen sie sich gegenseitig die Hände auf und bitten um die innere Kraft, mit der Natur schonend umzugehen.

Dann bilden kleine Gruppen (6 bis 8 Personen) einen „Vertrauenskreis": Jeder geht der Reihe nach in den Kreis, um sich darin geborgen zu fühlen. Er lässt sich vorsichtig nach vorne oder nach hinten fallen und wird von der Gruppe aufgefangen. Am Ende sprechen alle über ihre Erfahrungen.

8. GEBETE

Guter Gott, du Schöpfer der Welt und des Lebens. Du hast alles wunderbar geordnet in der Natur, wir sind ein Teil von ihr. Alles folgt deiner göttlichen Weisheit, für Zufall und Beliebigkeit ist darin kein Platz. Du hast uns Menschen mit den Kräften des Gefühls und des Verstandes beschenkt. Viele von uns wollen über ihre Mitnatur herrschen. Es ist Zeit, dass wir umzudenken beginnen. Hilf du uns dabei, darum bitten wir dich. Amen.

Fürbitten

Gütiger Gott, du Schöpfer des Kosmos und der Welt. Von dir kommt alles Leben, und bei dir findet es sein Ziel. Höre unsere Bitten:

– *Lass uns erkennen, dass wir Menschen nur ein winziger Teil des großen Kosmos sind, der deinen ewigen Gesetzen folgt.*
  A.: Herr, Gott, erhöre uns.
– *Lass uns einsehen, dass wir durch unsere Gier nach Besitz und Reichtum unsere natürliche Umwelt schwer schädigen und zerstören.*
  A.: Herr, Gott, erhöre uns.
– *Gib uns die innere Kraft, unseren verschwenderischen Lebensstil zu verändern und die Umwelt zu schonen.*
  A.: Herr, Gott, erhöre uns.
– *Gib uns die Einsicht, dass die Tiere unsere Mitgeschöpfe sind und wir sie deswegen nicht wie eine Ware ausbeuten dürfen.*
  A.: Herr, Gott, erhöre uns.
– *Gib uns den Mut, denen Widerstand zu leisten, die sich als die Herren der Natur und der Schöpfung aufspielen möchten.*
  A.: Herr, Gott, erhöre uns.

Denn du liebst alle Geschöpfe wie ein guter Vater und eine Mutter. Du lässt die Sonne scheinen und spendest uns den Regen. Es ist wunderbar, in dieser Welt leben zu dürfen. Wir sagen dir Dank und wir loben dich, jetzt und allezeit. Amen.

9. Lieder

Nun werden Lieder gesungen, die das Staunen über die Wunder der Schöpfung ausdrücken; das können auch Lieder sein, die von einzelnen Teilnehmern verfasst und komponiert wurden.

10. Tanz

Das Singen geht in den Tanz über. Alle bewegen sich frei im Raum zu geeigneter Musik; sie drücken in ihren Bewegungen ihre Gefühle, ihre Wünsche und Sehnsüchte aus. Dann ruhen sie sich kurz aus.

11. Mahl

Danach setzen sich alle um Tische und beginnen ein Mahl. Der Leiter (Die Leiterin) spricht ein Gebet des Segens:
Gütiger Gott, du bist zu uns wie ein Vater und eine Mutter. Du deckst uns reichlich den Tisch mit Gaben; du schenkst uns die Gemeinschaft und die Kraft der Liebe. Segne unser Mahl und begleite unser Leben. Darum bitten wir dich. Amen.

12. Verabschiedung

Nach dem Mahl verabschieden sich alle. Sie sprechen über den Termin des nächsten Gottesdienstes und sagen sich ihre guten Wünsche.

3. UMKEHR VON SCHULD

Oft im Leben werden wir schuldig: an den Mitmenschen, am göttlichen Schöpfer, an uns selbst. Wir hassen Mitmenschen, wir stören fremdes Leben, wir lügen und täuschen andere. Oder wir rächen uns für erfahrenes Unrecht, werten Mitmenschen ab, verweigern Hilfe in der Not. Wir stören die Ordnung der Schöpfung, quälen Tiere, beuten die Erde aus, raffen begierig Besitz und Reichtum auf Kosten anderer. Den Mitmenschen verweigern wir das Gespräch und die Liebe; wir schädigen unsere Gesundheit und wenden uns vom göttlichen Schöpfer ab. Wir lassen uns von der blinden Begierde treiben und machen Mitmenschen zum Mittel für die Erreichung unserer Ziele.

So werden wir vielfältig im Leben schuldig. Daher ist es gut, wenn wir von Zeit zu Zeit innehalten und über unsere Fehler und Defizite nachdenken. Wenn wir Fehler als solche erkennen, können wir aus ihnen lernen; wir können von einem Weg umkehren, den wir als gefährlich erkennen. Früher gab es besondere Zeiten der Umkehr: der Advent und die Fastenzeit. Auch für uns bleibt es sinnvoll, von Zeit zu Zeit unsere Umkehr von Schuld zu beginnen.

1. Begrüssung

Die Leiterin (Der Leiter) begrüßt die Teilnehmer und erklärt das Thema des Gottesdienstes: Immer im Leben geht es um ein mögliches Umdenken und ein Lernen in kleinen Schritten. Gemeinsam können wir dies besser erreichen als allein.

2. Lesungen

a) *Hass und Schwachheit, Gewalt und Tod, Ärger und Lüge; alles das kommt von uns Menschen. Wir tun das Böse aus Wollust oder aus Selbstsucht. Oft tun wir es um seiner selbst willen. Die Liebe und die Gerechtigkeit sind unmöglich, unser Hass verseucht unser Leben. Ich wollte das Gute tun. Aber in dieser Welt sind das Gute und das Böse immer verquickt. Ich muss mich damit abfinden, böse zu sein, um gut werden zu können. (Jean-Paul Sartre, Der Teufel und der liebe Gott)*

b) *Aus der Tiefe rufe ich, o Gott, zu dir. Höre du meine Stimme und wende dein Ohr zu mir. Achte auf mein Flehen. Wenn du unsere Sünden zähltest, könnten wir gar nicht bestehen. Doch du schenkst uns Vergebung, wir wollen auf deinen Wegen gehen. Ich hoffe auf dich: voll Vertrauen warte ich auf dich, wie der Wächter auf das Morgenrot wartet. Denn bei dir ist Erbarmen, du vergibst uns unsere Schuld. (Psalm 130)*

3. Meditation

Die Feiernden denken über diese Texte nach und lassen sie auf sich wirken. Dann beginnt jeder, über sein Leben nachzudenken: Wo sind die Defizite und Fehler meines Lebens? Welche Verhaltensweisen stören mein Zusammenleben mit anderen? Wie gehe ich mit dem Ehepartner, den Kindern, den Arbeitskollegen um? Was möchte ich an meinem Verhalten ändern? Wo muss ich angerichteten Schaden wieder gutmachen?

4. BILDMEDITATION

Dann wird ein Bild aufgestellt, das Schuld und Vergebung anzeigt. Alle lassen dieses Bild auf sich wirken. Sie denken darüber nach, ob sie ihren Mitmenschen verzeihen und ob sie sich selbst ihre Fehler vergeben können. Kann ich meine Mängel loslassen? Was möchte ich in meinem Leben verändern?

5. GESPRÄCH

Nun wird in der Gruppe darüber gesprochen, was „Umkehr" bedeutet. Jeder versucht zu sagen, wo er sein Verhalten ändern möchte. Die Feiernden versprechen sich gegenseitig Unterstützung bei der Verwirklichung der gemachten Vorsätze, denn sie fühlen sich als eine lernende Gemeinschaft.

6. PANTOMIME

Eine Gruppe versucht nun, einige Fehler des Lebens durch Gesten und Körpersprache darzustellen. Die Spieler zeigen an, wie diese Fehler unser soziales Leben stören. Und sie stellen dann die Bereitschaft dar, aus Fehlern zu lernen und das Verhalten zu verändern. Zuletzt drücken sie die Versöhnung mit den Gegnern aus. Alle lassen diese Zeichensprache auf sich wirken.

7. ROLLENSPIEL

Danach erzählt ein Teilnehmer von einem Fehlverhalten in seinem Leben, das ihn schwer getroffen hat. Alle sprechen über diese Geschichte. Dann werden die Rollen verteilt, und die Geschichte wird einfühlsam nachgespielt. Dabei achten alle auf die erlebten Gefühle in ihren Rollen. Zum Schluss wird sehr offen über das Erlebte gesprochen.

8. RITUAL

Die Feiernden drücken zum einen ihre Schulderfahrung und zum andern die Bitte um Vergebung aus. Sie bilden Paare und gehen aufeinander zu; dann stehen sie gebeugt voreinander. Langsam richten sie sich gegenseitig auf; sie umarmen sich und legen einander die Hände auf die Schultern. Dann salben sie sich gegenseitig an der Stirn mit gesegnetem Öl. Zuletzt bilden sie den „Vertrauenskreis", in dem sich jeder geborgen fühlen darf.

9. GEBETE

Guter Gott, du Vater der Barmherzigkeit, du Mutter des Trostes. Wir sind voreinander schuldig geworden, denn wir haben die Schöpfungsordnung gestört. Wir haben den Mitmenschen Liebe verweigert, waren nicht ehrlich, haben gehasst. Wir haben unser eigenes Leben geschädigt. Verzeihe uns unsere Fehler und gib uns die innere Kraft, von unseren Fehlern umzukehren. Darum bitten wir dich. Amen.

Fürbitten
Guter Gott, du liebender Vater aller Menschen, du tröstende Mutter. Auch wenn wir das Gute tun wollen, passiert uns viel Böses im Leben; denn wir sind begrenzte Wesen. Höre unsere Bitten:
– *Lass uns rechtzeitig erkennen, wo die Fehler und Defizite unseres Lebens sind und wo wir den Mitmenschen die Liebe verweigern.*
  A.: Erhöre uns, Gott.
– *Lass uns darauf achten, wo wir unsere Mitmenschen abwerten und beneiden, wo wir ihnen Böses wünschen.*
  A.: Erhöre uns, Gott.
– *Gib uns die innere Kraft, dass wir von einem erkannten Fehlverhalten umkehren und aus den Fehlern lernen können.*
  A.: Erhöre uns, Gott.
– *Gib uns den Mut, die Schäden wieder gutzumachen, die wir durch den Hass, die Lüge und den Neid angerichtet haben.*
  A.: Erhöre uns, Gott.
– *Gib uns die innere Entschlossenheit, vom Bösen umzukehren und um mehr Mitgefühl und Nächstenliebe zu ringen.*
  A.: Erhöre uns, Gott.

> — *Hilf uns, dass es uns gelingen möge, den Streit zu beenden und die Verletzungen der Seele dauerhaft zu heilen.*
> *A.: Erhöre uns, Gott.*
> *Guter Gott, du gibst uns die Kraft zur Versöhnung, zur Friedens-stiftung und zur Umkehr. Du führst uns an deiner Hand durch das Leben. Wir danken dir und wir loben dich, jetzt und allezeit. Amen.*

10. Lieder

Nun werden Lieder gesungen, die Schulderfahrung und Umkehr zum Thema haben; die Lieder können selbst formuliert und komponiert werden. Es singen alle; andere Lieder werden von einer Gruppe vorge-tragen.

11. Tanz

Das Singen geht in den freien Tanz über: Alle bewegen sich zur Musik, sie drücken darin ihre Gefühle der Schuld und des Ungenügens aus; später aber auch ihre Bereitschaft zur Umkehr und Veränderung. Gerade im Tanz erleben wir die Gemeinschaft des Daseins.

12. Mahl

Dann setzen sich alle um Tische; Speisen und Getränke werden bereitet. Die Leiterin (Der Leiter) spricht ein Gebet:
Gott, du bist unser Vater und unsere Mutter. Von dir kommen alle guten Gaben des Lebens, du schenkst uns Speise und Trank. Segne unser Mahl und unsere Gemeinschaft und lass uns in der Liebe wach-sen. Darum bitten wir dich. Amen.

13. Verabschiedung

Die Feiernden gehen auseinander; sie verabschieden sich und versprechen einander Unterstützung im Alltag.

4. SINNLICHKEIT UND LUST

Zum Großteil haben wir Abschied genommen von einer asketischen Kultur. Wir freuen uns unserer Sinnlichkeit und Sexualität, denn wir spüren in uns die tiefe Erlaubnis, Lust zu erleben. Daher haben wir mehrheitlich eine positive Einstellung zum Körper und zum Geschlecht gefunden; wir freuen uns, dass wir als Frauen und als Männer leben dürfen; und wir mühen uns, unsere erotischen Beziehungen zu vertiefen. Wir pflegen unseren Körper und kultivieren unser sinnliches Erleben (Lifestyling, Bodybuilding).

Denn Sinnlichkeit und Sexualität sind die schönsten Geschenke des göttlichen Schöpfers an uns Menschen. Wenn wir als Frauen und Männer den göttlichen Schöpfer „abbilden", dann muss dieser ein sinnliches Wesen sein, das beide Geschlechter in sich vereinigt. Viele der alten Kulturen waren der Überzeugung, dass wir Menschen im Erleben der Sexualität dem göttlichen Schöpfer oder Urgrund begegnen; für sie ist Erotik etwas Heiliges. Wenn wir uns dieser Deutung nähern, bekommt unser sinnliches Erleben eine tiefere Dimension. Bei einem Gottesdienst machen wir auch unsere Probleme und Nöte zum Thema.

1. BEGRÜSSUNG

Der Leiter (Die Leiterin) begrüßt die Teilnehmer und erläutert das Thema, den Ablauf und die verwendeten Symbole.

2. LESUNGEN

a) *Hier verstehe ich, was man Herrlichkeit nennt; das Recht, ohne Maß lieben zu können. Es gibt nur eine einzige Liebe auf dieser Welt. Wenn man den Körper einer Frau umarmt, umfängt man zugleich jene Freude, die vom Himmel zum Meer herabsteigt. Wenn ich mich gleich in die Wermutsträucher werfe, um meinen Körper von ihrem Duft durchdringen zu lassen, dann werde ich wissen, dass ich allen Vorurteilen zum Trotz eine Wahrheit vollbringe; die Wahrheit der Sonne und meines Todes. (Albert Camus, Hochzeit in Tipasa)*

b) *Wenn ich deinen hingestreckten Leib anschaue, wie ein Fluss, der unaufhörlich vorüberzieht; wie ein heller Spiegel, in dem die Vögel singen; in dem es eine Freude ist, den neuen Tag zu fühlen. Wenn ich in deine Augen blicke, Abgrund, der mich ruft; das Lied einer Tiefe, die ich nur vermute. Wenn ich deine Gestalt sehe, deine ruhige Stirn, wie ein heller Stein, an dem meine Küsse aufleuchten. Wenn ich meine Lippen nähere dieser ungewissen Melodie, dem Geräusch ewig jungen Seins, der Glut der Erde, die im Grünen singt. Leib, der sich entzieht und der wiederkehrt, wie eine glückliche Liebe. (Vincente Aleixandre, Nackt wie der glühende Stein)*

c) *Ein verschlossener Garten ist meine Schwester Braut, ein versiegelter Quell. Ein Lustgarten sprosst aus dir, Granatbäume mit köstlichen Früchten. Die Quelle des Gartens bist du, ein Brunnen mit lebendigem Wasser. Südwind, erwache, durchwehe meinen Garten. Mein Geliebter komme in seinen Garten und esse von den köstlichen Früchten. – Ich komme in meinen Garten, Schwester Braut. Ich pflücke die Myrrhe und den Balsam. Freunde, esst und trinkt und berauscht euch an der Liebe. (Hohes Lied 4,13–5,1)*

3. MEDITATION

Nun lassen die Feiernden die Texte auf sich wirken und beziehen sie auf ihr eigenes Leben. Sie achten auf ihre positiven Gefühle, aber auch auf ihre Ängste und Sorgen. Dann sprechen sie darüber.

4. BILDMEDITATION

Danach werden Bilder aufgestellt, die Freude an Sinnlichkeit und Sexualität ausdrücken. Alle lassen diese Bilder auf sich wirken, dann sprechen sie über ihre Erfahrungen; auch über ihre Verletzungen, Abwertungen, Ängste und Unsicherheiten.

5. PANTOMIME

Jetzt beginnt eine Gruppe, ihre Erfahrung von Lust und Sinnlichkeit durch Körpersprache darzustellen. Die Tanzenden drücken durch Gesten und Bewegungen ihre Sehnsucht nach Liebe und Zärtlichkeit aus, aber auch ihre Angst vor seelischen Verletzungen. Es ist die Freude an Sinnlichkeit und Erotik, die sie bewegt. Die Teilnehmer lassen die Pantomime auf sich wirken; dann sprechen sie kurz darüber.

6. ROLLENSPIEL

Danach erzählt ein Teilnehmer eine Geschichte von einer seelischen Verletzung in der Liebe. Alle sprechen über diese Erfahrung. Dann werden die Rollen verteilt, und die Geschichte wird gespielt. Es geht darum, die erfahrene Verletzung im Spiel deutlich zum Ausdruck zu bringen. Alle achten darauf, welche Gefühle sie beim Spiel erleben; dann sprechen sie offen darüber.

7. RITUAL

Der Leiter (Die Leiterin) erklärt das Ritual. Die Teilnehmer bilden mehrere Gruppen, diese stellen sich in Kreisen auf. Jeder tritt in die Mitte eines „Vertrauenskreises" und erlebt darin Zuwendung und Geborgenheit. Alle berühren die Person in der Mitte und legen ihr die Hände auf die Schultern.

Danach bilden sich Paare. Beide Partner umarmen sich und sagen sich gute Wünsche. Sie legen einander die Hände auf den Kopf; dann salben sie sich gegenseitig an der Stirn mit gesegnetem Öl. Denn sie wollen einander Lebenskraft übertragen.

8. GEBETE

Gott, du Vater und Mutter aller Menschen, du bist ein gütiger Schöpfer. Denn du hast uns die Fähigkeit zur sinnlichen Liebe geschenkt. Als Frauen und Männer bilden wir dich ab, wir sind erotische Wesen. Sei du in unserer Mitte, wenn wir einander in sinnlicher Liebe begegnen. Nimm von uns Ängste, wenn sie uns begleiten; und heile die Verletzungen unserer Seele, wenn wir sie erleiden. Wir danken dir für das wunderbare Geschenk der Sinnlichkeit; und wir loben dich, jetzt und immerdar. Amen.

Fürbitten
Gütiger Gott, du bist ein liebendes Wesen, wir sind deine Abbilder. Du schenkst uns die Freuden der Liebe. Höre unsere Bitten:
– *Nimm von uns die Ängste, die uns bedrücken, wenn wir einander in der sinnlichen Liebe begegnen.*
A.: Wir bitten dich, erhöre uns.
– *Heile du die seelischen und körperlichen Verletzungen, wenn Kinder von Erwachsenen sexuell missbraucht wurden.*
A.: Wir bitten dich, erhöre uns.
– *Wecke du in uns die Sehnsucht nach der Liebe, wenn wir uns an den Lebenspartner allzu sehr gewöhnt haben.*
A.: Wir bitten dich, erhöre uns.
– *Schenke uns die Kraft, unsere Gefühle dem geliebten Partner mitzuteilen und ihm Zärtlichkeit zu schenken.*
A.: Wir bitten dich, erhöre uns.
– *Gib beiden Geschlechtern die tiefe Freude an der Sinnlichkeit, lass uns im Liebesspiel dir begegnen.*
A.: Wir bitten dich, erhöre uns.
– *Schenke denjenigen Paaren Kinder und Nachkommen, die den tiefen Wunsch verspüren, das Leben weiterzugeben.*
A.: Wir bitten dich, erhöre uns.
Darum bitten wir dich, du Schöpfer des Lebens. Du hast die Kräfte der sinnlichen Liebe in uns gelegt. Dafür danken wir dir und wir loben dich, jetzt und allezeit. Amen.

9. LIEDER

Nun werden gemeinsam Lieder gesungen, die Freude an Sinnlichkeit ausdrücken. Oder eine Gruppe singt moderne Lieder, die zum Thema passen. Es ist sinnvoll, wenn Einzelne aus der Gruppe solche Lieder selbst verfassen und komponieren.

10. TANZ

Dann beginnen alle zur Musik zu tanzen. Sie bewegen sich frei im Raum und drücken durch ihre Bewegungen ihre Freude an der Sinnlichkeit aus. Sie stellen aber auch ihre Unsicherheit und Angst dar. Die Tanzenden lassen sich von der Musik tragen, diese rührt tief ihre Seelen an.

11. MAHL

Nach einer kurzen Ruhepause setzen sich alle um die Tische und beginnen ein Mahl. Der Leiter (Die Leiterin) segnet die Speisen und Getränke:

Du liebender Gott, du erfüllst uns alle mit der Sehnsucht nach Liebe. Du schenkst uns die Fähigkeit, tiefe Lust zu erleben. Segne unsere Speisen und Getränke und lass uns beim Mahl unsere Gemeinschaft erleben. Darum bitten wir dich. Amen.

12. VERABSCHIEDUNG

Nach dem Mahl verabschieden sich alle. Sie sagen einander ihre guten Wünsche für das alltägliche Leben und sprechen darüber, wann sie sich wieder treffen werden.

5. LEIDEN ERTRAGEN

Viele müssen im Leben schwere Leiden ertragen: Sie erleiden einen Unfall oder sind schwer am Körper behindert; sie werden chronisch krank und können nicht mehr gesund werden; andere werden seelisch verletzt, abgewertet und ausgegrenzt. Es zerbrechen Partnerschaften, die schwere Verletzungen zurücklassen. Andere verlieren den Arbeitsplatz und fühlen sich wertlos. Oder der Tod entreißt uns liebe Menschen.

Wir alle müssen Leiden tragen, die einen mehr, die anderen weniger. Es ist sinnvoll, das erfahrene Leiden in einen Gottesdienst einzubringen. Im Letzten ist es der göttliche Schöpfer, der uns das Leiden schickt. Aber viele Leiden bereiten wir einander selbst. Im Gottesdienst bitten wir um die innere Kraft, die Leiden unseres Lebens ertragen zu können. Wir versprechen einander Mitgefühl und Zuwendung.

1. BEGRÜSSUNG

Es werden Gegenstände und Symbole vorbereitet, die das Leiden ausdrücken. Die Leiterin (Der Leiter) begrüßt die Teilnehmer, vor allem die Kranken; sie (er) erläutert den Ablauf und die Intention der Feier.

2. LESUNGEN

a) *Gib mir einen festen Punkt, und ich werde die ganze Welt aufheben. Dieser Stützpunkt ist das Kreuz. Es kann keinen anderen geben, das Kreuz allein genügt. Der Stützpunkt muss dort sein, wo die Welt und die Nichtwelt sich überschneiden. Dieser Schnittpunkt ist das Kreuz. Die göttliche Barmherzigkeit ist in zwei Erlebnissen zu erfahren, in der Schönheit und im Unglück. Im Zentrum der untröstbaren Bitterkeit leuchtet die göttliche Barmherzigkeit auf. Es ist das Leiden, das an die innerste göttliche Liebe rührt. Die Seele liebt das Leere, sie erlebt die Schwerkraft der göttlichen Gnade. So folgen wir immer im Leben der Lichtspur des Leidens. (Simone Weil, Schwerkraft und Gnade)*

b) *Zu dir rufe ich, mein Gott, du bist mein Fels. Wende dich nicht im Schweigen von mir ab. Denn wenn du schweigst, dann muss ich sterben. Höre auf mein lautes Schreien, wenn ich meine Hände zu dir erhebe. Raffe mich nicht hinweg mit den Übeltätern ... Aus der Tiefe rufe ich, mein Gott, zu dir. Höre du auf meine Stimme, wende dein Ohr zu mir, achte auf mein Flehen. Würdest du nur auf unsere Fehler schauen, wer könnte dann bestehen? Ich hoffe auf Gott, meine Seele wartet auf ihn. So wie die Wächter aufs Morgenrot warten, so warte ich auf Gott. Denn bei ihm ist Erlösung und Erbarmen. (Psalm 28,1–3; 130, 1–8)*

3. MEDITATION

Danach denken alle über diese Texte nach, sie beziehen diese auf ihr Leben. Jeder Mensch muss Leiden ertragen, jeder auf andere Weise; die einen trifft es schwerer. Da sind Menschen an Krebs erkrankt oder von Geburt an behindert; andere sind durch einen Unfall geschädigt. Alle meditieren darüber, wie wir dem Leiden einen Sinn geben können; dann sprechen sie darüber.

4. BILDMEDITATION

Nun werden Bilder aufgestellt, die Leidenssituationen zum Ausdruck bringen; das können gemalte Bilder oder Fotos sein. Alle schauen diese Bilder an und lassen sie auf sich wirken. Sie sprechen über ihre Erfahrungen mit dem Leiden. Zuletzt versprechen sie, einander im Leiden helfen zu wollen.

5. PANTOMIME

Wenn es möglich ist, tanzt eine Gruppe eine Pantomime, die das Leiden zum Ausdruck bringt. Das können alltägliche Leidenssituationen sein, Krankheit und Unfälle, aber auch seelische Verletzungen. Die Teilnehmer versuchen, sich mit den Tanzenden zu identifizieren; dann sprechen sie über ihre Erfahrungen.

6. ROLLENSPIEL

Nun erzählt ein Teilnehmer von einer Situation, in der schweres Leiden verursacht wurde; das kann ein Unfall mit dem Auto oder am Arbeitsplatz sein. Einige versuchen, diese Geschichte nachzuspielen. Sie verteilen die Rollen. Beim Spiel achten sie auf ihre Gefühle, wie sie sich darin erleben. Dann sprechen die Teilnehmer offen über das Erlebte.

7. RITUAL

Die Leiterin (Der Leiter) erläutert das Ritual. Wenn kranke Menschen anwesend sind, wird eine Salbung der Kranken vorbereitet. Die Teilnehmer bilden Paare, sie umarmen sich; dann legen sie sich gegenseitig die Hände auf die Schultern; sie zeigen einander Mitgefühl und Anteilnahme.

Dann segnet die Leiterin (der Leiter) das frische Öl und spricht ein Gebet um Heilung:

Gütiger Gott, du schickst uns das Glück des Lebens, aber auch die Last des Leidens. Gib du uns heilende Kraft, dass wir einander die Leiden lindern können. Segne dieses Öl, es möge den Leidenden innere Kraft geben, gesund und heil zu werden. Darum bitten wir dich in Demut. Amen.

Dann salbt die Leiterin (der Leiter) die kranken Menschen an der Stirn und an den Händen. Sie (Er) spricht ihnen Mut und Kraft zu und bittet um Heilung.

8. Gebete

Gott, du Schöpfer der Welt, des Kosmos und des Lebens. Unser Dasein ist voller Leiden, Krankheiten belasten uns und drücken uns nieder. Wir verletzen einander, wir hassen und verfolgen andere; so schaffen wir vielfältige Leiden. Dein göttlicher Sohn ist uns in den Tod vorausgegangen, er hat sein Leiden verwandelt. Gib auch uns die Kraft, das Leiden zu ertragen und ihm einen Sinn zu geben, wenn es uns trifft. Darum bitten wir dich, jetzt und allezeit. Amen.

Fürbitten
Gütiger Gott, du stehst auf der Seite der Leidenden und der Schwachen. Du bist kein Gott der Herren und der Verfolger, sondern der Armen und Geringen. Dein göttlicher Sohn ist am Kreuz gestorben, um uns aus der Sinnlosigkeit des Leidens zu erlösen. Höre unsere Bitten:
- *Lass uns auf deinen göttlichen Sohn Jesus schauen, der das Leiden angenommen hat, um andere vom Bösen zu befreien.*
  A.: Herr, Gott, erhöre uns.
- *Gib uns die innere Kraft, dass wir nicht Böses mit Bösem vergelten, sondern das Leiden um uns vermindern.*
  A.: Herr, Gott, erhöre uns.
- *Gib uns den Mut, an der Seite der Armen, der Schwachen und der Leidenden zu stehen und ihre Last mitzutragen.*
  A.: Herr, Gott, erhöre uns.

– *Hilf du uns, damit wir in dem Leiden einen Sinn erkennen kön-*
nen, das wir im Leben zu tragen haben.
A.: *Herr, Gott, erhöre uns.*
– *Schenke uns die Kraft der Liebe, damit wir in der Lage sind, das*
unausweichliche Leiden zu ertragen und zu verwandeln.
A.: *Herr, Gott, erhöre uns.*
Du ewiger und verborgener Gott, oft erkennen wir keinen Sinn in
den Leiden unserer Zeit. Wir gehen durch das Dunkel, schwere
Ängste drücken uns nieder. Doch du begleitest uns in leidvollen
und in glücklichen Stunden. Wir danken dir und wir loben dich,
jetzt und allezeit. Amen.

9. LIEDER

Die Feiernden singen Lieder, die den Schmerz und die Schwere
des Lebens zum Ausdruck bringen. Oder sie hören Lieder und Gesänge,
die ihre Gefühle anrühren. Denn das Leiden ist ein Teil unseres Lebens.

10. TANZ

Nach einiger Zeit beginnen alle, sich zur Musik zu bewegen, so
gut sie können. Leidende Menschen drücken ihren Schmerz durch
Gesten und leise Bewegungen aus. Gesunde stellen im Tanz ihr Mitgefühl mit den Leidenden dar. Es ist die Schwere des Lebens, die wir im
Tanz und in der Musik erleben; aber es sind auch die heilenden Kräfte,
die in uns hochkommen und die wir symbolisch darstellen.

11. MAHL

Nach einer Ruhepause setzen sich alle um die Tische, es werden
Speisen und Getränke gebracht. Die Leiterin (Der Leiter) segnet das
Mahl:
Gütiger Gott, du öffnest deine Hände und teilst uns deine
Gaben reichlich zu. Du gibst uns die innere Kraft, das Leiden zu ertra-
gen und zu verwandeln. Segne unser Mahl und unsere Gemeinschaft,
damit wir den Leidenden immer zur Seite stehen. Darum bitten wir
dich in Demut. Amen.

12. VERABSCHIEDUNG

Nun gehen die Feiernden auseinander. Sie sagen sich gegenseitig ihre Hilfe zu, wenn Leiden zu bewältigen sind.

6. ERLÖSUNG VOM BÖSEN

Das Thema dieses Gottesdienstes ist das Böse, das zu jeder Zeit viele Menschen fasziniert. Das Fernsehen und das Internet überschütten uns mit Grausamkeiten, die Menschen einander antun. Die Gewalt dominiert in den Massenmedien, selbst Kinder werden damit überhäuft. Da sind wir in der Position der unbeteiligten Zuseher, aber ein Teil von uns ist beteiligt. Denn viele suchen die Aufregung, den Nervenkitzel, das Töten und Quälen, die Katastrophe. Selbst das Erleben von Sinnlichkeit und Sexualität wird häufig mit Gewalt und Zerstörung verbunden. Ist das unser Leben?

Sind wir wirklich an das Böse gekettet, ohne von ihm loskommen zu können? Sind wir durch und durch Lügner und Egoisten? Oder ist dies nur die eine Seite unseres Lebens? Wir wissen heute, dass vor allem seelisch verletzte Personen danach streben, sich für ihre Verletzungen zu rächen. Sie sind es, die fremdes Leben stören und zerstören wollen, die lügen und Unfrieden stiften, die andere verletzen und quälen. Wie also können wir dem Zirkel des Bösen entkommen? Wie können wir in kleinen Schritten die Liebe lernen?

1. BEGRÜSSUNG

Der Leiter (Die Leiterin) begrüßt die Teilnehmer und erläutert das Thema. Er (Sie) zeigt Gegenstände und Symbole, die das Böse darstellen. Dann beschreibt er (sie) den Ablauf des Gottesdienstes.

2. LESUNGEN

a) Ist der Pessimismus notwendig ein Zeichen des Niedergangs, des Verfalls, des Missratenseins, der ermüdeten und geschwächten Instinkte? Gibt es einen Pessimismus der Stärke? Eine intellek-

tuelle Vorneigung für das Harte, das Schauerliche, das Böse, das Problematische des Daseins aus überströmender Gesundheit? Gibt es ein Leiden an der Überfülle selbst? Gibt es die versucherische Tapferkeit des schärfsten Blickes, die nach dem Furchtbaren verlangt, nach dem würdigen Feind? (Friedrich Nietzsche, Die Geburt der Tragödie)

b) Ich tue nicht das Gute, das ich will. Sondern ich tue das Böse, das ich nicht will. Ich stoße auf das Gesetz, dass in mir das Böse vorhanden ist, obwohl ich das Gute tun will. Ich freue mich am Gesetz Gottes, aber in meinen Gliedern erlebe ich ein anderes Gesetz, das mit dem Gesetz der Vernunft im Streit liegt. Es ist das Gesetz der Sünde, das mich gefangen hält. Ich unglücklicher Mensch! Wer wird mich aus diesem dem Tod verfallenen Leib erretten? (Paulus, Römerbrief 7,19–25)

3. MEDITATION

Danach denken alle über diese Texte nach und lassen sie auf sich wirken. Sie sprechen über ihre Erfahrungen, wie sie das Böse in ihrer Welt erleben. Sie überlegen, wie sie das Böse verringern können. Jeder versucht zu sagen, was er konkret tun möchte.

4. BILDMEDITATION

Nun wird ein Bild aufgestellt, das das Erleiden des Bösen ausdrückt. Das können auch Bilder von gequälten Menschen sein, in Kriegen und in Konzentrationslagern; oder selbst gemalte Bilder des Leidens. Alle lassen diese Bilder auf sich wirken, dann sprechen sie über ihre Erfahrungen. Sie sagen, wie sie diesen Grausamkeiten entgegentreten wollen.

5. PANTOMIME

Danach tanzt eine Gruppe eine Pantomime über das Böse. Die Tänzer drücken in ihren Bewegungen und Gesten zum einen die verletzenden Handlungen und Gewalt aus. Zum andern stellen sie die Erfahrung der Verletzung und der Demütigung dar. Sie agieren in der Rolle der Täter und der Opfer. Alle folgen dieser Pantomime und sprechen dann über ihre Erfahrungen.

6. ROLLENSPIEL

Nun erzählt ein Teilnehmer eine Gewaltszene, die er erlebt oder gesehen hat: Ein Mensch wird von anderen verletzt und bleibt in seinem Schmerz allein. Alle sprechen über diese Begebenheit, dann verteilen sie die Rollen und spielen die Szene nach. Dabei achten alle auf ihre Gefühle und Erfahrungen. Zuletzt sprechen sie offen über das Erlebte.

7. RITUAL

Das Ritual will die mögliche Heilung von Verletzung und vom Zwang zum Bösen anzeigen. Da wird ein Symbol der Gewalt aufgestellt: ein Messer, ein Schlagstock, ein Boxhandschuh u. a. Alle berühren dieses Symbol und halten es kurze Zeit fest. Dann lassen sie es langsam los und gehen von ihm weg. Das Symbol wird aus dem Raum getragen.

Danach bilden alle einen „Vertrauenskreis". Jeder darf der Reihe nach für kurz in diesen Kreis eintreten, um darin Geborgenheit und Schutz zu erleben: Alle berühren ihn sanft, sie legen ihm die Hände auf den Kopf und sagen ihm gute Wünsche.

Zum Schluss kann ein Salbungsritual erfolgen: Der Leiter (Die Leiterin) salbt jeden Teilnehmer mit gesegnetem Öl und fordert ihn zum Loslassen des Bösen auf.

8. GEBETE

Du ewiger Gott, du hast uns als vernünftige und liebesfähige Wesen geschaffen. Doch in uns ist auch das biologische Erbe des Tötens und des Zerstörens. Viele seelisch verletzte Menschen fühlen sich an das Böse gekettet, sie wollen sich für ihre erlittenen Verletzungen rächen. Daher ist unsere Welt voll mit Hass und Zerstörung, wir lügen und betrügen einander. Du ewiger, starker Gott, befreie uns aus der Macht des Bösen und lass uns die Liebe lernen. Darum bitten wir dich, jetzt und allezeit. Amen.

Fürbitten

Du ewiger und starker Gott, du hast in uns Menschen die Fähigkeit der Liebe gelegt. Durch deinen göttlichen Sohn hast du uns aus der Macht des Hasses und des Bösen befreit. Höre unsere Bitten:

– Lass uns alle erkennen, dass wir nicht hassen und zerstören müssen, sondern zu gegenseitiger Liebe fähig sind.
A.: Erhöre uns, Gott.
– Stehe vor allem jenen bei, die in ihrer Seele viel verletzt worden sind, und befreie sie aus den Zwängen der Rache.
A.: Erhöre uns, Gott.
– Gib uns die Kraft, dass wir auf der Seite der Verfolgten und Getretenen stehen und den Verfolgern Widerstand leisten.
A.: Erhöre uns, Gott.
– Lass uns dazu beitragen, das Böse aus der Welt zu schaffen, auf Rache zu verzichten und einander das Gute zu tun.
A.: Erhöre uns, Gott.
– Hilf du uns, dass wir in kleinen Schritten auf dem Weg der Liebe voranschreiten, damit wir die Versöhnung und das Verzeihen üben.
A.: Erhöre uns, Gott.
– Befreie uns von bösen Gedanken und Worten gegen die Mitmenschen und schenke uns Gedanken und Worte der Liebe.
A.: Erhöre uns, Gott.
Darum bitten wir dich, du guter und starker Gott, durch deinen göttlichen Sohn. Wir loben dich und wir danken dir, jetzt und allezeit. Amen.

9. Lieder

Dann werden Lieder gesungen, die die Befreiung vom Bösen zum Thema haben. Oder es wird Musik gespielt, die das Überwinden und Loslassen des Bösen zum Ausdruck bringt.

10. TANZ

Die Musik leitet zum Tanz über. Alle beginnen, sich zur Musik frei zu bewegen; sie stellen ihre erlebten Gefühle durch Körpersprache dar. Zuerst drücken sie ihre wilden und zerstörerischen Gefühle aus, den Hass und die Lüge. Dann werden sie ruhig und lassen die schönen und zärtlichen Gefühle in sich zu; auch diese werden im Tanz dargestellt.

11. MAHL

Nach einer kurzen Ruhepause setzen sich alle um die Tische zu einem kleinen Mahl. Dabei reden sie über ihre Erfahrungen. Der Leiter (Die Leiterin) spricht ein Segensgebet:

Guter Gott, du liebender Vater, du gütige Mutter. Wir alle haben Sehnsucht nach Liebe und Geborgenheit, aber dem Bösen möchten wir entkommen. Segne unser Mahl und unser Beisammensein und gib uns die Kraft, das Böse loszulassen. Darum bitten wir dich, jetzt und allezeit. Amen.

12. VERABSCHIEDUNG

Danach verabschieden sich alle voneinander. Sie versprechen sich gegenseitig Hilfe bei den alltäglichen Problemen und auf ihrem Weg durch das Leben.

7. SUCHE NACH SINN

Vielen sind heute alte Orientierungen zerbrochen, ihnen ist ein letzter Sinn des Lebens abhanden gekommen. Die Lehren der Religion sind ihnen fremd geworden, so fühlen sie sich von der Sinnleere und Banalität bedroht. Alles, was sie tun, erscheint ihnen beliebig. Wenn sie aber kritisch über den Kosmos und das Leben nachdenken, können sie erkennen, dass diese nicht aus dem blinden „Zufall" kommen können. Gibt es ein letztes Weltgesetz, dem der Kosmos folgt? Gibt es einen letzten göttlichen „Urgrund" dahinter?

So suchen wir heute auf vielen Wegen nach dem Sinn des Lebens: in der beruflichen Tätigkeit, in den zwischenmenschlichen Beziehungen, in sozialen Aufgaben. Und wir haben viele Möglichkeiten, unserem Dasein Bedeutung zu geben. Wo aber liegt die letzte Bedeutung unseres Lebens? Sind wir kleine Sandkörner im riesigen Kosmos? Bilden wir einen göttlichen Schöpfer ab?

1. BEGRÜSSUNG

Die Leiterin (Der Leiter) begrüßt die Teilnehmer und stellt das Thema vor. Sie (Er) erklärt die Symbole und beschreibt den Ablauf des Gottesdienstes.

2. LESUNGEN

a) *Als ich heute in der schlaflosen Nacht alles wieder hin und her gehen ließ zwischen den schmerzenden Schläfen, wurde mir wieder bewusst, auf was für einem schwachen oder gar nicht vorhandenen Boden ich lebe; über einem Dunkel, aus dem die dunkle Gewalt nach ihrem Willen herkommt und, ohne sich an mein Stottern zu kehren, mein Leben zerstört ... Daher kommt eine schreckliche Todesangst, die sich nicht als solche äußern muss, sondern auftreten kann als Angst vor der Veränderung. Es ist die Angst, noch nicht gelebt zu haben, noch nicht in das Haus eingezogen zu sein. (Franz Kafka, Brief an Max Brod)*

b) *Den Gebildeten und den Ungebildeten trifft das gleiche Geschick. Denn alles ist Windhauch und vergeht. Da verdross mich das Leben, alles Tun und Handeln lastete auf mir. Mich verdross mein ganzer Besitz, denn was wird der daraus machen, der nach mir kommt? Ich überließ mich der Verzweiflung, denn alles ist Windhauch und vergeht. Besitz und Wissen, Können und Erfolg dauern nur kurze Zeit. Die Last unserer Tage besteht aus Sorge und Kummer, selbst in der Nacht kommt unser Geist nicht zur Ruhe. Alles ist Windhauch. Daher gründet unser Glück nicht in uns Menschen, es wird uns von Gott zur Verfügung gestellt. (Buch Kohelet 2,14–24)*

3. MEDITATION

Zunächst denken alle über diese Texte nach und lassen sie auf sich wirken. Jeder achtet auf seine Gefühle und Gedanken: Welchen Sinn hat mein Leben? Welche sind meine großen und kleinen Ziele? Die Teilnehmer sprechen über ihre Erfahrungen und meditieren über die gehörten Texte.

4. BILDMEDITATION

Danach wird ein Bild aufgestellt; oder es werden Fotos gezeigt, die unsere Frage nach dem Lebenssinn ausdrücken. Das können Bilder aus der Kunst, aber auch selbst gemalte Bilder sein. Alle betrachten diese Bilder, dann sprechen sie über ihre Erfahrungen und den Sinn des Lebens.

5. PANTOMIME

Nun tanzt eine Gruppe eine Pantomime: Die Tänzer drücken durch ihre Gesten und Bewegungen unsere Suche nach einem Sinn aus. Durch tastende Bewegungen zeigen sie die Unsicherheit und Ratlosigkeit. Doch dann erkennen sie Spuren eines Lichtes, denen sie zu folgen versuchen. Sie ahnen einen Weg, den sie vorsichtig zu gehen beginnen. Zum Schluss sprechen alle über ihre Erfahrung und ihre Gedanken.

6. ROLLENSPIEL

Danach erzählt ein Teilnehmer eine Geschichte aus seinem Leben, wo ihm der Sinn des Lebens durch eine Begegnung auf neue Weise aufgegangen ist. Danach sprechen alle über diese Geschichte; sie verteilen die Rollen und spielen diese Geschichte nach. Dabei achten alle auf ihre Gefühle, die sie in ihren Rollen erleben. Zum Schluss wird über das Erlebte gesprochen.

7. RITUAL

Die Symbolhandlungen sollen zum einen die Suche nach Sinn und zum andern das Erleben von Geborgenheit ausdrücken. Die Teilnehmer bilden Paare. Nun verbindet sich der eine die Augen und lässt sich vom Partner durch den Raum führen. Dann nimmt er sich die Binde ab und sieht sich um. Beide umarmen sich und geben einander Geborgenheit.

Dann bilden die Teilnehmer kleine Kreise. Jeder tritt der Reihe nach in den Kreis und erlebt darin Schutz und Zuwendung. Die Einzelnen legen ihm die Hände auf die Schultern. Zum Schluss salbt die Leiterin (der Leiter) jeden Einzelnen an der Stirn mit gesegnetem Öl, sie (er) überträgt ihm damit innere Lebenskraft.

8. Gebete

Ewiger Gott, du bist für uns der Weg, die Wahrheit und das Leben. Doch oft leben wir wie im Dunkeln und wissen nicht, woher wir kommen und wohin wir gehen. Allzu oft geht uns der Sinn des Lebens verloren, unser Leben wird gewöhnlich und banal. Viele um uns leben ohne Sinn, sie stören das Leben der Mitmenschen. Gib du uns ein festes Ziel und eine Aufgabe. Darum bitten wir dich. Amen.

Fürbitten
Großer und heiliger Gott, du Schöpfer des Kosmos und des Lebens. In der Welt des Überflusses geht vielen Menschen die innere Orientierung verloren. Sie wissen nicht mehr, wofür sie leben. Höre unsere Bitten:
- *Gib uns die innere Kraft, dass wir einander zur Seite stehen, wenn es um uns dunkel wird und wir keinen Weg mehr sehen.*
  A.: Wir bitten dich, erhöre uns.
- *Stehe jenen Menschen bei, die von ihren Mitmenschen getäuscht und zu bösen Taten verführt werden.*
  A.: Wir bitten dich, erhöre uns.
- *Lass uns erkennen, dass das egoistische Genießen und die Gier nach Besitz und Reichtum kein letzter Sinn für unser Leben sind.*
  A.: Wir bitten dich, erhöre uns.
- *Lass uns verstehen, dass wir einander einen tiefen Lebenssinn geben können, wenn wir einander zu helfen beginnen.*
  A.: Wir bitten dich, erhöre uns.

— *Zeige uns die tiefe Wahrheit des Lebens, dass der letzte Sinn des Daseins immer die Liebe ist.*
A.: Wir bitten dich, erhöre uns.
Gütiger Gott, du bist für uns wie ein Vater und eine Mutter. Wenn wir auf deine Lichtspuren im Kosmos und im Leben schauen, dann erkennen wir einen letzten Sinn des Daseins. Denn du bist die ewige Liebe. Wir danken dir und wir loben dich, jetzt und allezeit. Amen.

9. LIEDER

Danach singen alle Lieder, die das Suchen nach Sinn und Bedeutung zum Ausdruck bringen; oder es spielt eine Musikband; oder es singt eine Gruppe bzw. ein einzelner Sänger. So drücken wir in den Liedern unsere heutige Befindlichkeit und Sehnsucht aus.

10. TANZ

Dann beginnen alle zu tanzen, so gut sie können. Sie bewegen sich frei zur Musik und drücken darin ihre erlebten Gefühle aus. Sie zeigen an, dass sie als Suchende unterwegs sind; oft hin- und hergerissen, mit einer tiefen Sehnsucht nach Geborgenheit. Dann ruhen sie eine Zeit lang.

11. MAHL

Nun setzen sich alle um die Tische und beginnen ein Mahl. Die Leiterin (Der Leiter) segnet die Speisen und Getränke:
Ewiger Gott, von dir kommen alle Gaben des Lebens. Segne unser Mahl und lass unsere Gemeinschaft sich vertiefen. Amen.
Dann sprechen alle über ihre Erfahrungen, Hoffnungen und Bedürfnisse.

12. VERABSCHIEDUNG

Alle verabschieden sich und sagen einander ihre guten Wünsche. Sie versprechen sich Begleitung im Alltag.

8. DER GÖTTLICHE URGRUND

Viele können heute nicht mehr an einen persönlichen Gott glauben, den das Christentum gelehrt hat. Sie sehen in ihm einen himmlischen Patriarchen, der nur männliche Züge trägt und die Menschen unterdrückt. Viele verabschieden sich von einem solchen Gottesbild, wohl wissend, dass Gott ganz anders sein muss.

Von den östlichen Religionen und den Mystikern lernen sie das Bild vom göttlichen „Urgrund". Auch vielen von uns erscheint es als sinnvoll, an einen ewigen Uranfang zu glauben, von dem alles herkommt. Aus dem göttlichen Urgrund kommt der sog. „Urknall" an Energie, es beginnt der wunderbare Prozess des Kosmos. Aus dem Göttlichen kommen das Leben und wir Menschen. Und zu ihm kehren wir wieder zurück, wenn unser Leben zu Ende kommt. So wird jedes Dasein aufgehoben sein in der göttlichen Welt. Wir können uns den göttlichen Urgrund aber als persönliches Wesen vorstellen.

1. BEGRÜSSUNG

Der Leiter (Die Leiterin) begrüßt die Teilnehmer und erläutert das Thema des Gottesdienstes. Er (Sie) erklärt die verwendeten Symbole und Bilder und spricht über den Ablauf der Feier.

2. LESUNGEN

a) *Der göttliche Urgrund, der sich aussprechen lässt, ist nicht der ewige Urgrund. Nichtsein nenne ich den Anfang von Himmel und Erde. Sein nenne ich die Mutter der Einzelwesen. Sein und Nichtsein sind in ihrem Ursprung eins; sie sind nur verschieden dem Namen nach, den wir ihnen geben. Das tiefste Geheimnis ist das Tor, durch das alle Wunder hervortreten. Das Sein und das Nichtsein erzeugen einander. Der göttliche Urgrund ist immer strömend, aber er läuft in seinem Strömen nie über. Er ist ein Abgrund, der Urahne aller Wesen; er ist der Geist des Tales, die dunkle Urmutter von allem. (Tao teh ching, 1–6)*

b) *Die göttliche Stimme erschallt über das Wasser, sie ertönt von den Bergen und im Donner. Die göttliche Kraft reißt die Zedern nieder und lässt die Berge beben. Die göttliche Stimme ist ein flammendes Feuer und ein Sturm in der Wüste. Sie zerbricht die Eichen im Sturm und wirft Wälder um. Die göttliche Macht thront im Himmel und gibt den Menschen das Leben. (Psalm 29)*

3. MEDITATION

Danach lassen alle diese Texte auf sich wirken und denken über die Inhalte nach. Dann sprechen sie über ihre Vorstellungen und Bilder vom Göttlichen. Können wir die Vorstellung von einem göttlichen „Urgrund" mit einem persönlichen Gott verbinden? Im Gespräch wird versucht, die Bilder der Religion neu zu buchstabieren.

4. BILDMEDITATION

Nun wird ein Bild aufgestellt, das den göttlichen Urgrund symbolisch darstellen soll. Das kann ein gemaltes Bild sein; oder ein Bild aus der buddhistischen und taoistischen Kultur. Alle lassen diese Bilder auf sich wirken und sprechen über ihre Erfahrungen.

5. PANTOMIME

Danach versucht eine Gruppe, in einer getanzten Pantomime den göttlichen „Urgrund" symbolisch darzustellen: Denn er vereinigt alle Gegensätze und verbindet die menschlichen Geschlechter; er ist fließend und ständig in Bewegung, schafft Neues und lässt Altes vergehen. Er bewegt sich vom Dunkeln zum Lichtvollen und ist weich wie das Wasser.

6. ROLLENSPIEL

Jetzt erzählt einer eine Geschichte aus seinem Leben, wo es um Gotteserfahrung und Gottesbilder geht. Das kann ein Streitgespräch sein; oder eine Erfahrung, wo einem aufgeht, wer Gott sein könnte. Alle sprechen über diese Geschichte. Dann werden die Rollen verteilt, und die Geschichte wird gespielt. Danach wird über diese Erfahrung ausführlich gesprochen.

7. RITUAL

Im Ritual geht es darum, das Erleben des Göttlichen auf symbolische Weise darzustellen. Es bilden sich Paare, sie umarmen sich und spüren die Urkraft des Lebens, der Liebe und des Werdens. Beide Partner legen sich gegenseitig die Hände auf die Schultern, denn sie wollen einander göttliche Lebenskraft übertragen.

Dann bilden alle kleine Kreise: Jeder kann im „Vertrauenskreis" Geborgenheit und Schutz erleben. Zum Schluss folgt ein Salbungsritual, um die innere Lebenskraft jedes Einzelnen zu stärken.

8. GEBETE

Du göttlicher Urgrund, du bist für uns ein unvorstellbares Geheimnis. Wir wissen, dass du der Ursprung des Lebens bist und wir von dir herkommen und zu dir zurückkehren. Doch deine unfassbare Größe übersteigt alle unsere Vorstellungen. Deswegen begegnen wir dir mit Ehrfurcht und Staunen. Wir sagen dir Lob und Dank, jetzt und allezeit. Amen.

Fürbitten

Du göttlicher Urgrund, du umschließt alle Gegensätze, das Gute und das Böse, das Männliche und das Weibliche, das Harte und das Weiche, das Licht und das Dunkel. Höre unsere Bitten:

– Lass uns erkennen, dass der Kosmos, die Welt und unser Leben einen Anfang haben und auf ein Ende zugehen.
 A.: Du Ursprung allen Seins, erhöre uns.
– Lehre uns das Staunen vor deiner göttlichen Urkraft, die den Prozess des Kosmos ausgelöst hat und das Leben entfaltet.
 A.: Du Ursprung allen Seins, erhöre uns.
– Lehre uns verstehen, dass der Kosmos und die Menschenwelt deinen wunderbaren Gesetzen folgen und nicht dem blinden Zufall.
 A.: Du Ursprung allen Seins, erhöre uns.

– *Zeige uns die Geheimnisse deiner göttlichen Weisheit, die alles formt, durchdringt und am Leben erhält.*
A.: Du Ursprung allen Seins, erhöre uns.
– *Lass uns geborgen sein in dieser Welt, indem wir auf dich schauen und deine Wunder preisen.*
A.: Du Ursprung allen Seins, erhöre uns.
Es ist deine göttliche Lebenskraft, die unser Leben verwandeln kann, wenn wir uns für sie öffnen. Wir loben dich und sagen dir Dank, jetzt und allezeit. Amen.

9. LIEDER

Danach singen die Feiernden Lieder, die das Lob des göttlichen Schöpfers zum Ausdruck bringen. Es können herkömmliche oder neu gestaltete Lieder sein; auch Lieder aus fremden Kulturen.

10. TANZ

Nun beginnen alle, zur Musik zu tanzen. Sie bewegen sich frei und drücken in der Bewegung ihre erlebten Gefühle aus. Dabei denken sie an den göttlichen „Urgrund", von dem sie sich getragen wissen. Aber sie drücken auch das Suchen nach Sinn und nach Geborgenheit sowie die innere Unsicherheit und Zerrissenheit aus. Am Ende ruhen sich alle kurz aus.

11. MAHL

Dann setzen sich alle um die Tische und beginnen ein kleines Mahl. Der Leiter (Die Leiterin) spricht ein Gebet des Segens über alle:
Du göttlicher Urgrund, aus dir kommt alles Leben, du schenkst uns die Nahrung und die Sehnsucht. Schenke uns die Kraft der Liebe, die unser Leben verwandelt, und segne unser Mahl. Darum bitten wir. Amen.

12. VERABSCHIEDUNG

Nach dem Mahl verabschieden sich alle, sie sagen einander ihre guten Wünsche und sprechen über den nächsten Gottesdienst.

9. MARIA, DIE HIMMLISCHE FRAU

Am Ende einer patriarchalen Kultur schauen heute viele Menschen auf Maria, die himmlische Frau. Sie ist die Mutter Jesu, des göttlichen Sohnes. Deswegen wurde sie im Glauben der Kirche zur göttlichen Mutter. Sie ergänzt das patriarchale Gottesbild unserer Kultur, denn sie offenbart das Zärtliche im göttlichen Geheimnis. Sie zeigt uns die weibliche Dimension des Göttlichen. Für andere ist sie eine korporative Person, denn sie steht für alle Frauen in unserer Lebenswelt; für die Mütter und die Kinderlosen, die Glücklichen und die Leidenden.

So schauen wir heute mit neuem Blick auf Maria, die Mutter Jesu. Denn sie hat alle griechischen und römischen Göttinnen beerbt. Was die Menschen der Antike von den Göttinnen sagten, das sagen die Christen von Maria. Der göttliche Urgrund ist weiblich und männlich, wenn wir Menschen seine „Abbilder" sind. Es sind die Frauen, die durch ihren Instinkt der „Brutpflege" mehr Menschlichkeit und Liebe in unsere Welt gebracht haben und weiterhin bringen. Deswegen suchen wir nach einem neuen Bild der Gottesmutter.

1. BEGRÜSSUNG

Die Leiterin (Der Leiter) begrüßt die Teilnehmer und erklärt den Inhalt des Gottesdienstes. Sie (Er) weist auf die Bilder und Symbole hin, die im Raum aufgestellt sind. Dann gibt sie (er) den Ablauf der Feier bekannt.

2. LESUNGEN

a) Deinen Leib zu schauen, ohne anderes Licht als deines; diese nahe Melodie, welche die Vögel anlockt; das Wasser, die Wälder, dieses verbindende Pochen; die absolute Welt, die ich auf den Lippen fühle. Alles ist Staunen, die Welt strahlt im Licht, die Schöpfung flimmert; das Glück strömt ruhelos, wie eine Lust, die nie zur Erfüllung kommt; die bebende Liebe, in der der Wind die Sterne bekränzt. (Vincente Aleixandre, Nackt wie der glühende Stein)

b) Meine Seele preist die Größe Gottes, und mein Geist jubelt über den Erlöser. Gott hat auf die Niedrigkeit seiner Magd geschaut, jetzt preisen alle mich selig. Er hat Großes an mir getan, sein Name ist gewaltig. Er erbarmt sich über alle, die ihn von Herzen suchen. Er vollbringt große Taten und zerstreut die Hochmütigen; die Mächtigen stürzt er vom Thron, die Niedrigen erhebt er. Die Hungernden beschenkt er mit Gütern, die Reichen gehen leer aus. Er erbarmt sich seines Volkes und denkt an seine Verheißungen. (Lukas 1,46–55)

3. MEDITATION

Danach lassen alle diese Texte auf sich wirken. Sie denken über die Inhalte nach; dann sprechen sie darüber: über den Körper der liebenden Frau, den wir auch in der göttlichen Mutter ehren; über die Faszination der Liebe und der Zärtlichkeit. Maria steht für alle Frauen, die ihren Beitrag zur Erlösung vom Bösen leisten; sie ist das Urbild der liebenden Menschen.

4. BILDMEDITATION

Es werden Bilder der Gottesmutter aufgestellt: aus verschiedenen Epochen der Kunst oder selbst gemalte Bilder. Die Teilnehmer lassen diese Bilder auf sich wirken und achten auf ihre tiefen Gefühle. Dann sprechen sie über ihre Erfahrungen.

5. PANTOMIME

Die Pantomime wird nur von den Frauen getanzt. Sie drücken durch Gesten und Bewegungen ihre weiblichen Gefühle und Sehnsüchte aus; ihre Freude an Sinnlichkeit und Erotik, ihre mütterlichen Gefühle; auch ihre Ängste und Probleme. Die Männer sind in der Rolle der Zuseher. Zum Schluss sprechen alle sehr ehrlich über ihr Erleben.

6. ROLLENSPIEL

Eine Frau erzählt eine Begebenheit aus ihrem Leben, die sie tief beeindruckt oder verändert hat; sie kann mit Liebe, mit Schwangerschaft und Geburt zusammenhängen. Alle sprechen über diese Geschichte. Dann werden die Rollen verteilt, und die Geschichte wird gespielt. Alle achten auf ihre Gefühle, die sie in ihren Rollen erleben. Zuletzt wird über das Erlebte gesprochen.

7. RITUAL

Zuerst bilden die Frauen einen Kreis; auch die Männer tun das. Beide Geschlechter erleben unter ihresgleichen Schutz und Geborgenheit im „Vertrauenskreis". Danach bilden sich Paare. Die Frauen legen den Männern die Hände auf die Schultern und auf den Kopf, um ihnen weibliche Lebenskraft zu übertragen. Dann salben sie den Partner mit gesegnetem Öl an der Stirn und sagen ihm ihre guten Wünsche. Zum Schluss umarmen sich alle und spüren ihre Nähe.

8. GEBETE

Maria, du himmlische Frau, du zeigst uns die weibliche Seite des Göttlichen. Denn du hast Jesus geboren, der für uns zum Erlöser geworden ist. Du hast ihn mit deiner Liebe geformt, die er an die Menschen weitergegeben hat. Mit ihm hast du viel gelitten, doch dein Leben hat sich vollendet. Wir loben dich, jetzt und allezeit. Amen.

Fürbitten
Gütige Mutter, du himmlische Frau, du bist das Urbild aller Frauen und Mütter. Höre unsere Bitten:
- *Stehe an unserer Seite, wenn unser Leben schwer wird, und zeige uns Wege, wenn wir nicht weiterwissen.*
  A.: Sei uns gnädig, erhöre uns.
- *Wische viele Tränen von denen ab, die unterdrückt und ausgenutzt werden, und stärke die Frauen und Kinder.*
  A.: Sei uns gnädig, erhöre uns.
- *Lass uns auf dich schauen, wenn unser Leben trostlos wird, wenn schwere Leiden uns niederdrücken und lähmen.*
  A.: Sei uns gnädig, erhöre uns.

– *Gib allen Frauen die innere Kraft, dass sie ihr Leben selbständig gestalten und sich von den Männern nicht unterdrücken lassen.*
   A.: *Sei uns gnädig, erhöre uns.*
– *Lass die Männer lernen, die Frauen als gleichwertige Partnerinnen zu erleben und auf jede Form der Gewalt zu verzichten.*
   A.: *Sei uns gnädig, erhöre uns.*
Denn du bist die himmlische Frau, die den Weg zur Vollendung gegangen ist. Du stehst an unserer Seite, wenn wir gegen das Böse kämpfen. Wir loben dich und sagen dir Dank, jetzt und allezeit. Amen.

9. LIEDER

Nun werden Lieder gesungen, die das Lob der Gottesmutter ausdrücken. Das können herkömmliche Marienlieder sein; es können aber auch völlig neu gestaltete Lieder sein.

10. TANZ

Das Singen geht in den Tanz über. Die Gruppe hat Musik gewählt, die zum Thema passt. Nun bewegen sich alle frei zur Musik und drücken darin ihre erlebten Gefühle aus. Frauen achten auf ihre weiblichen, Männer auf ihre männlichen Erfahrungen. Beide Geschlechter drücken im Tanz ihre Freude am Leben und an der Gottesmutter aus.

11. MAHL

Nach einer kurzen Pause setzen sich alle um die Tische und feiern ein kleines Mahl. Die Leiterin (Der Leiter) segnet die Speisen und Getränke mit einem Gebet:
Gütige Gottesmutter, wir schauen auf dich als die große himmlische Frau. Segne unser Mahl und unsere Gemeinschaft und lass uns in der Liebe wachsen. Darum bitten wir dich, jetzt und allezeit. Amen.

12. VERABSCHIEDUNG

Am Ende verabschieden sich alle voneinander, sie sagen sich ihre guten Wünsche und sprechen über den nächsten Gottesdienst.

II.
ANLÄSSE DES LEBENS

Die folgenden Gottesdienste
können zu verschiedenen
Anlässen und Festen des Lebens
gefeiert werden: Geburtstage,
Hochzeitstage, Trauerfälle,
aber auch Verlobung, Hochzeit,
Schwangerschaft, Berufsbeginn u.a.
Diese Gottesdienste müssen
individuell vorbereitet und
kreativ gestaltet werden.

1. GEBURTSTAGE

Ein Gottesdienst kann von einer Gruppe gefeiert werden, wenn in naher Vergangenheit oder Zukunft eine oder mehrere Personen ihren Geburtstag feiern. Das können Freunde, Verwandte, Arbeitskollegen oder Freizeitpartner sein. Einige müssen es in die Hand nehmen, den Gottesdienst vorzubereiten und zu gestalten. Rund um den Geburtstag denken wir an unseren Lebensbeginn. Wir denken darüber nach, was das Leben für uns bedeutet, wie es begonnen und welchen Verlauf es bisher genommen hat. Wir feiern gemeinsam das Wunder der Geburt und das Geschenk jedes einzelnen Lebens. Denn jeder Mensch kommt vom göttlichen Schöpfer oder aus dem göttlichen „Urgrund". Jeder hat andere Aufgaben zu erfüllen, deswegen ist ein Geburtstag ein freudiges Fest.

1. BEGRÜSSUNG

Die Leiterin (Der Leiter) begrüßt die Feiernden und stellt die Geburtstagskinder in besonderer Weise vor. Dabei erzählt sie (er) kurz aus deren Leben. Dann erklärt sie (er) die im Raum aufgestellten Symbole und den Ablauf des Gottesdienstes.

2. LESUNGEN

a) *Du Liebes, meine Arme halten dich wie einen Blumenkorb. Und deine Knospenaugen fallen auf wie Fächer und schaun in mich. Was siehst du da? Nur dich, und wieder dich. Mein Kind, ich rühr dich mit Mund und Nüstern an, wie schönes Obst auf einer Schale, das herb und süß sich neidlos mengt. So rühr ich dich an, mein Kind. Bist du das, was ich sagen kann? O Muschel, zartes Rauschen, Freude, Sternenbild. Ach, alle Namen werden schal vor dir. Ich schließe dich im Herzen ein. (Gertrud Kolmar, Tagträume)*

b) *Gott ist mein Hirt, nichts wird mir fehlen. Er lässt mich auf grünen Wiesen rasten und führt mich zur Ruhe am Wasser. Er stillt meine Sehnsucht und lässt mich auf dem rechten Weg gehen. Auch wenn ich im Dunkeln wandern muss, fürchte ich kein Unheil. Denn Gott ist bei mir, sein Hirtenstab gibt mir Zuversicht. Er deckt mir den Tisch, er salbt mein Haupt mit Öl und füllt reichlich meinen Becher. Güte und Huld werden mich begleiten mein Leben lang. (Psalm 23)*

3. MEDITATION

Nun denken alle über diese Texte nach, sie beziehen diese auf ihr Leben. Sie denken an das Wunder des Lebens und der Geburt. Jeder Mensch ist einmalig und jede Lebensgeschichte unwiederholbar. Wir denken daran, was unsere Lebensaufgabe ist, wo unsere Begabungen und unsere Grenzen liegen. Dann sprechen wir über unsere Erfahrungen, Wünsche und Hoffnungen.

4. BILDMEDITATION

Dann wird ein Bild aufgestellt, das sich das Geburtstagskind ausgesucht hat. Dieses Bild sagt etwas über sein Leben und seine Situation. Alle betrachten das Bild und lassen es auf sich wirken. Dann sprechen sie über ihre Erfahrungen und Gefühle. Nun erzählt das Geburtstagskind von seinem Leben, von Ängsten und Hoffnungen. Alle geben ihm Rückmeldung und versprechen ihm einfühlsame Begleitung.

5. PANTOMIME

Jetzt tanzt eine Gruppe eine Pantomime zum Thema der Geburt. Die Tanzenden drücken in ihren Gesten und Bewegungen den Anfang des Lebens, die Zerbrechlichkeit eines Kindes aus; aber auch das langsame Heranwachsen, das Erwachsenwerden und die Freude am Leben; die Dankbarkeit und das Staunen über die Wunder des Lebens.

6. ROLLENSPIEL

Das Geburtstagskind erzählt nun eine Geschichte aus seinem Leben, die es sehr beeindruckt hat. Alle sprechen kurz über diese

Geschichte. Dann werden die Rollen verteilt, und die Geschichte wird nachgespielt. Dabei achten alle auf ihre Gefühle, die sie beim Spielen erleben. Am Ende sprechen sie über ihre Erfahrungen und wie sie das Geburtstagskind besser verstehen wollen.

7. RITUAL

Im Ritual wird die Freude am Leben ausgedrückt. Die Leiterin (Der Leiter) erklärt die Symbole und Zeichenhandlungen. Es werden mehrere Kreise gebildet. Die Geburtstagskinder treten in den Kreis und erleben darin Schutz, Geborgenheit, Berührtwerden. Alle legen ihnen die Hände auf die Schultern und sagen ihnen ihre guten Wünsche.

Die Leiterin (Der Leiter) segnet Öl von Pflanzen und salbt mit diesem Öl die Geburtstagskinder an der Stirn. Sie (Er) spricht ihnen Glück und Lebenskraft zu. Zum Schluss umarmen sich alle.

8. GEBETE

Gütiger Gott, du bist für uns Vater und Mutter. Von dir kommt alles Leben, du begleitest jeden Menschen auf seinem Weg. Jedes Kind ist vor dir einmalig, und jedes Leben verläuft anders. Die einen tragen ein schweres, die anderen ein leichteres Schicksal. Jeder Mensch hat seine Begabungen und Aufgaben zu erfüllen. Du gehst an unserer Seite, jeden Tag. Wir danken dir und loben dich, jetzt und allezeit. Amen.

Fürbitten
Gütiger Gott, du Quelle alles Lebens und Urgrund des Kosmos. Unser Leben ist kein Zufall, es folgt deinem göttlichen Plan. Du hast uns allen die Fähigkeit zur Liebe geschenkt und willst, dass wir sie entfalten. Höre unsere Bitten:
- *Begleite jedes Menschenleben, was immer sein Schicksal sein mag, und schenke ihm Geborgenheit bei dir.*
  A.: Du Quelle alles Lebens, erhöre uns.
- *Segne die Geburtstagskinder, über deren Leben wir uns freuen, und schenke ihnen Glück und Lebenskraft.*
  A.: Du Quelle alles Lebens, erhöre uns.

– *Stehe vor allem denen zur Seite, deren Leben schwer ist und die von ihren Mitmenschen abgewertet und ausgenutzt werden.*
A.: *Du Quelle alles Lebens, erhöre uns.*

– *Schenke uns gesunde Kinder und gib uns den Mut und die Kraft, das Leben weiterzugeben.*
A.: *Du Quelle alles Lebens, erhöre uns.*

– *Hilf uns, dass wir unsere Fähigkeit der Liebe entfalten können, und lass unser Leben zur Vollendung kommen.*
A.: *Du Quelle alles Lebens, erhöre uns.*

Denn du, Gott, bist unser Helfer im Leben. Von dir kommen wir, und zu dir gehen wir. Denn bei dir erleben wir Schutz und Geborgenheit. Wir loben dich, jetzt und allezeit. Amen.

9. LIEDER

Nun werden Lieder gesungen, welche die Geburtstagskinder sich wünschen; das können auch selbst gedichtete und komponierte Lieder sein. Sie sollen Freude und Dankbarkeit über das Leben ausdrücken. Es können auch einzelne Sänger oder Singgruppen Lieder vortragen, die zum Fest passen.

10. TANZ

Das Singen kann in den Tanz übergehen. Alle bewegen sich zur Musik und drücken in ihren Bewegungen die Freude am Leben, an der Sinnlichkeit und der Liebe aus. Sie lassen sich von der Musik tragen und geben sich ihren Gefühlen hin, die sie erleben. Der Tanz endet mit einer kurzen Ruhepause.

11. MAHL

Danach setzen sich alle um die geschmückten Tische. Die Leiterin (Der Leiter) segnet das Mahl und die Gruppe:

Gütiger Gott, du spendest uns alle guten Gaben. Segne dieses Mahl und unsere Gemeinschaft und lass uns aneinander wachsen und reifen. Darum bitten wir dich, jetzt und allezeit. Amen.

Nun sprechen alle ausführlich über ihre Erfahrungen und Wünsche, auch über ihre Sorgen und Ängste.

12. VERABSCHIEDUNG

Die Teilnehmer verabschieden sich, sie versprechen den Geburtstagskindern mitfühlende Begleitung. Und sie sprechen über die nächste Feier eines Gottesdienstes.

2. HOCHZEITSTAGE

Es ist sinnvoll, einen Hochzeitstag zusammen mit Freunden und Verwandten mit einem Gottesdienst zu begehen. Es können auch mehrere Paare und Familien zusammen feiern. Dabei geht es um die Erinnerung an den Beginn der Partnerschaft, diese soll durch die Feier gestärkt werden. Wir denken an das Sich-Kennenlernen, an die gemeinsamen Erfahrungen, an die Lernprozesse im Leben. Wir erinnern uns der schönen und der leidvollen Ereignisse, die wir erlebt haben.

Paare mit Kindern erinnern sich an die Zeit der Schwangerschaft, der Geburt, an das Heranwachsen der Kinder. Sie denken darüber nach, was ihre Beziehung jetzt zusammenhält und trägt. Dabei sprechen sie auch über Fehler, die sie gemacht haben, über Wünsche und Erwartungen. Sie danken dem göttlichen Schöpfer für das Geschenk der Liebe.

1. BEGRÜSSUNG

Der Leiter (Die Leiterin) begrüßt die Feiernden, im Besonderen die Hochzeitspaare, die den Hochzeitstag feiern. Er (Sie) erklärt die verwendeten Symbole, die Texte der Lesungen und den Ablauf der Feier.

2. LESUNGEN

a) *Du meine Seele, du mein Herz; du meine Wonne, du mein Schmerz; du meine Welt, in der ich lebe; mein Himmel du, in dem ich schwebe; o du mein Grab, in das hinab ich ewig meinen Kummer gab.*

Du bist die Ruh, du bist der Frieden, du bist der Himmel, mir beschieden; dass du mich liebst, macht mich mir wert; dein Blick hat mich vor mir verklärt; du hebst mich liebend über mich, mein guter Geist, mein besseres Ich. (Friedrich Rückert, vertont von Gustav Mahler)

b) Wenn ich die Sprachen der Menschen und der Engel reden könnte, hätte aber die Liebe nicht, wäre ich ein dröhnendes Erz oder eine lärmende Pauke. Wenn ich alle Geheimnisse wüsste und alle Erkenntnisse hätte und mit meinem Glauben Berge versetzen könnte, hätte ich die Liebe nicht, dann wäre ich nichts. Würde ich meine ganze Habe verschenken, ohne die Liebe wäre mein Leben ohne Wert. Die Liebe aber ist geduldig und gütig; sie bläht sich nicht auf und lässt sich nicht zum Zorne reizen; sie trägt das Böse nicht nach. (Paulus, 1. Korintherbrief 13,1–5)

3. Meditation

Danach lassen alle die gehörten Texte auf sich wirken, sie denken über das Gesagte nach. Was bedeutet Liebe für mich persönlich? Wo erlebe ich Probleme in meiner Partnerbeziehung? Was kann und was möchte ich besser machen? Wofür bin ich besonders dankbar in meiner Partnerschaft? Es folgen längere Gespräche über das Gehörte.

4. Bildmeditation

Nun wird ein Bild aufgestellt, das sich das Paar ausgesucht hat. Es kann auch ein selbst gemaltes Bild sein; oder ein Bild der Kunst; es können Fotos aus dem gemeinsamen Leben sein. Alle lassen diese Bilder auf sich wirken. Dann sprechen sie über ihre Gefühle und Erfahrungen.

5. Pantomime

Danach tanzt eine Gruppe eine Pantomime zum Thema Liebe und Partnerschaft; das kann mit oder ohne Musik geschehen. Die Tanzenden drücken zuerst mit ihren Bewegungen und Gesten die Sehn-

sucht nach Liebe und Geborgenheit aus: das tastende Suchen, die Lichtspuren der Liebe, die erste Begegnung, der Austausch der Gefühle, die
Zärtlichkeit und Umarmung, die erotische Begegnung, das Bleibenkön-
nen, den gemeinsamen Weg und die Freude am Leben.

6. Rollenspiel

Ein Paar erzählt eine Geschichte aus seinem Leben, das beide tief
berührt hat. Alle sprechen über diese Begebenheit. Dann werden die
Rollen verteilt, und die Geschichte wird nachgespielt. Die Spielenden
achten auf ihre Gefühle, was sie erleben. Am Schluss sprechen alle
offen über das Erlebte; sie sagen, warum sie nun das Paar besser verstehen können.

7. Ritual

Der Leiter (Die Leiterin) erklärt die Symbole und die Abfolge
der Handlungen. Alle bilden einen Kreis. (Wenn viele Personen sind,
werden mehrere Kreise gebildet.) Das Paar tritt in den Kreis und ver-
weilt dort. Dann gehen die beiden zu jedem Einzelnen im Kreis hin
und umarmen ihn. Sie legen sich gegenseitig die Hände auf die Schultern und sagen sich ihre guten Wünsche; so beglückwünscht jeder im
Kreis das Paar.

Dann tritt der Leiter (die Leiterin) in den Kreis und übergibt den
beiden ein Symbol, das Zuneigung ausdrücken soll. Er (Sie) windet ein
Seidenband um deren Hände und sagt ihnen seine (ihre) guten Wünsche. Dann salbt er (sie) die beiden an den Händen und an der Stirn mit
gesegnetem Öl, um ihre Lebenskraft zu stärken.

8. Gebete

*Gütiger Gott, du bist die kosmische Urkraft der Liebe. Du sen-
dest uns die Sehnsucht des Herzens und das sinnliche Begehren. Du
schenkst uns die Kraft der Hingabe, so dass wir einander zu lieben vermögen. Du verbindest unsere Gefühle und Wünsche, unsere Gedanken
und Hoffnungen. Dafür sagen wir dir unseren Dank und wir loben
dich, jetzt und allezeit. Amen.*

Fürbitten

Du ewiger Gott, du vereinigst das Weibliche und das Männliche, das Weiche und das Harte. Du schenkst uns die Kräfte der sinnlichen und der emotionalen Liebe. Höre unsere Bitten:
– *Segne du dieses Paar, das seinen Hochzeitstag feiert, und begleite die beiden jeden Tag mit deiner Liebe.*
A.: Wir bitten dich, erhöre uns.
– *Gib den beiden auch weiterhin die Kraft der Zuneigung und der Liebe, damit sie gemeinsam den angefangenen Weg gehen können.*
A.: Wir bitten dich, erhöre uns.
– *Lass die beiden gemeinsam wachsen und reifen, damit ihr Leben gelinge und sie viel an Liebe zu schenken vermögen.*
A.: Wir bitten dich, erhöre uns.
– *Heile du die kleinen und die großen Verletzungen, die im Lauf einer Partnerschaft geschehen sind und geschehen werden.*
A.: Wir bitten dich, erhöre uns.
– *Hilf den beiden, ihre Konflikte auf faire Weise zu lösen, und lass sie voll Dankbarkeit durch das Leben gehen.*
A.: Wir bitten dich, erhöre uns.
Denn du bist die ewige Liebe, du gütiger Gott. Wir erkennen die Lichtspuren deiner Schöpferkraft, wenn wir zu lieben beginnen. Begleite unseren Weg, wenn er schwierig wird. Wir loben dich, jetzt und allezeit. Amen.

9. LIEDER

Die Feiernden singen nun die Lieder, die das Paar sich gewünscht hat. Es können auch selbst verfasste und vertonte Lieder sein. Oder es kann ein kleiner Chor oder ein einzelner Sänger Lieder vortragen, die etwas über die Situation des Paares sagen. Oder es wird einfach Musik gespielt.

10. TANZ

Die Musik soll so gewählt werden, dass sie den Gefühlen der Feiernden entspricht. Nun beginnen alle, sich zur Musik zu bewegen;

sie lassen ihren Gefühlen freien Lauf. Es sind Gefühle der Freude und der Dankbarkeit, die zum Ausdruck kommen; aber auch Gefühle der Sorge und der Trauer, der Sehnsucht und der Hoffnung. Immer feiern wir unser ganzes Leben so, wie es gerade verläuft.

11. MAHL

Nach einer kurzen Pause setzen sich alle um die geschmückten Tische. Der Leiter (Die Leiterin) segnet das Mahl und die Gemeinschaft der Feiernden:

Gütiger Gott, du schenkst uns das Wunder der Liebe. Segne dieses Paar, segne unser Mahl und unsere Gemeinschaft. Und lass uns alle in der Liebe wachsen. Wir loben dich, jetzt und allezeit. Amen.

Dann sprechen alle ausführlich über ihre Erfahrungen und ihre Situation.

12. VERABSCHIEDUNG

Zuletzt verabschieden sich alle, sie sagen einander ihre guten Wünsche. Und sie versprechen, das Paar weiterhin mitfühlend begleiten zu wollen.

3. SCHWANGERSCHAFT UND GEBURT

Es ist sehr sinnvoll, mit Freunden und Verwandten einen Gottesdienst zu feiern, wenn Frauen schwanger sind oder nachdem sie ein Kind geboren haben. Denn die Feier des Gottesdienstes stärkt die Zusammengehörigkeit der Gemeinschaft und gibt den Frauen das Gefühl der Geborgenheit. Die Feiernden danken Gott für das Geschenk des Lebens, sie bitten um Schutz und Begleitung. Die schwangere Frau und die junge Mutter fühlen sich ausgesetzt; sie brauchen das starke Gefühl, in einer Gemeinschaft mitgetragen zu werden.

Viele Frauen erleben heute die Schwangerschaft und Geburt ohne einen Lebenspartner. Sie entscheiden sich allein für Kinder und brauchen in besonderer Weise die Unterstützung der Familie und der Freunde. Im Gottesdienst soll die Solidarität der Gruppe zum Ausdruck kommen. Denn wir freuen uns gemeinsam über das Geschenk des Lebens, und wir danken dem göttlichen Schöpfer.

1. BEGRÜSSUNG

Die Leiterin (Der Leiter) begrüßt die Feiernden, besonders die schwangeren Frauen, die jungen Mütter und die Väter. Sie (Er) erklärt die Symbole und den Ablauf der Feier. Wenn schon größere Kinder da sind, werden sie in besonderer Weise in die Feier einbezogen.

2. LESUNGEN

a) Als ich das Kind mit grünen Augensternen, dein zartes, wunderbares Kind empfing, erbrausten salzige Wasser in Zisternen; Elmsfeuer funkelten aus Hoflaternen, die Nacht trug den Korallenring ... Und wieder wachten Hirten bei den Schafen, wie einst; und glomm ein nie benannter Stern ... O du, nur du, ich spülte deine Glieder, und warb und klang und schäumte über dir; und alle Winde küßten meine Lider; und alle Wälder stürzten in mich nieder; und alle Ströme mündeten in mir. (Gertrud Kolmar, Tagträume)

b) Im sechsten Monat wurde der Engel Gabriel von Gott in eine Stadt mit Namen Nazaret gesandt, zu einer jungen Frau, die mit einem Mann namens Josef verlobt war. Die junge Frau hieß Maria. Der Engel trat bei ihr ein und sagte: Sei gegrüßt, du Begnadete, denn Gott ist mit dir. Fürchte dich nicht, denn du hast bei Gott Gnade gefunden. Du wirst ein Kind empfangen, einen Sohn wirst du gebären. Dem sollst du den Namen Jesus geben. Er wird groß sein und ein Sohn des Höchsten genannt werden. (Lukasevangelium 1,26–32)

3. MEDITATION

Danach denken alle meditierend über diese Texte nach, sie beziehen diese auf ihr Leben. Sie denken über den Beginn des Lebens, über

die Schwangerschaft, die Geburt, den Beginn der Liebe, die göttliche
Berufung nach. Dann sprechen sie ausführlich darüber, wie sie diese
Texte erleben.

4. BILDMEDITATION

Nun wird ein Bild aufgestellt, das auf das Erleben von Schwangerschaft hindeutet; es kann auch ein selbst gemaltes Bild der Frau sein.
Alle schauen auf das Bild und lassen es auf sich wirken. Dann sprechen
sie über ihre Erfahrungen. Vor allem Frauen und Mütter geben der
Schwangeren Rückmeldung über ihre Erfahrungen.

5. PANTOMIME

Danach tanzt eine Gruppe von Frauen das Erleben der Schwangerschaft. Die Tänzerinnen drücken durch ihre Bewegungen und
Gesten die Freude über das neue Leben, aber auch Ängste und Sorgen
aus; es geht um das Staunen vor dem Geheimnis des Lebens. Alle sprechen über diesen Tanz, den sie erlebt haben.

6. ROLLENSPIEL

Jetzt erzählt die Schwangere ein Erlebnis aus ihrem Leben, das
evtl. mit der Schwangerschaft zu tun hat. Alle sprechen über dieses
Erlebnis. Dann werden die Rollen verteilt, und die Geschichte wird
nachgespielt. Alle achten auf ihre Gefühle, die sie erleben. Dann sprechen sie offen darüber.

7. RITUAL

Die Leiterin (Der Leiter) erklärt das Ritual. Die Gruppe bildet
einen Kreis um die schwangere Frau, diese sitzt oder steht in der
Mitte. Nun übergibt ihr die Leiterin (der Leiter) ein Symbol, das auf
das Wunder des Lebens hinweist. Dann legt sie (er) ihr die Hände auf
den Kopf und sagt ihr gute Wünsche.

Nun tritt jeder Einzelne in den Kreis und legt ebenfalls der
Schwangeren die Hände auf den Kopf; er will ihr innere Kraft
übertragen. Dann presst die Leiterin (der Leiter) Öl aus Pflanzen,

segnet das Öl und salbt die Schwangere an der Stirn und am Hals. Dabei spricht sie (er) ein Gebet.

8. GEBETE

Gott, du bist für uns Mutter und Vater, bist der Urgrund des Kosmos und des Lebens. Von dir kommt das Wunder des Lebens, das wir nie ganz verstehen werden. Du schenkst jedem Menschen, der in diese Welt kommt, seine besondere Aufgabe. Du bist den Frauen besonders nahe, die das Werden des Lebens intensiv erfahren. Wir danken dir und loben dich, jetzt und allezeit. Amen.

Fürbitten
Gütiger Gott, du liebende Mutter und mitfühlender Vater. Wir freuen uns über das werdende Leben mitten unter uns. Höre unsere Bitten:
- *Stehe dieser Frau bei, die bald Mutter werden darf, lass in ihrem Körper ein gesundes und liebenswertes Kind wachsen.*
  A.: Du Gott des Lebens, erhöre uns.
- *Beschütze alle schwangeren Frauen, schenke ihnen Gesundheit und innere Kraft, um alle Beschwernisse gut zu überstehen.*
  A.: Du Gott des Lebens, erhöre uns.
- *Gib uns Ehrfurcht vor dem werdenden Leben und lass Frauen nie in die Lage kommen, eine Schwangerschaft abbrechen zu müssen.*
  A.: Du Gott des Lebens, erhöre uns.
- *Stehe allen jenen Frauen bei, die erkrankt sind, die eine Fehlgeburt erleiden oder die unfreiwillig kinderlos bleiben.*
  A.: Du Gott des Lebens, erhöre uns.
- *Gib beiden Geschlechtern tiefe Ehrfurcht vor dem Leben, lass uns nicht mutwillig das Leben manipulieren.*
  A.: Du Gott des Lebens, erhöre uns.
Du Schutzgott des Lebens und der Liebe, wir erkennen unsere Verpflichtungen gegenüber den Kindern. Denn wir Menschen sind deine Abbilder. Wir loben dich und preisen dich, jetzt und allezeit. Amen.

9. LIEDER

Danach singen die Feiernden Lieder, die sie vorbereitet haben; das können auch selbst verfasste Lieder sein. Sie drücken die Freude am Leben und an der Sinnlichkeit aus.

10. TANZ

Dann beginnen alle, zu Musik frei zu tanzen. Sie drücken in den Bewegungen ihre Gefühle aus, die sie erleben. Die Schwangere tanzt vorsichtig und langsam, sie weiß sich von der Gruppe mitgetragen. Dann folgt eine kurze Pause.

11. MAHL

Nun setzen sich alle um die Tische und beginnen ein kleines Mahl. Die Leiterin (Der Leiter) spricht ein Segensgebet:
Gütiger Gott, wir feiern heute unter uns das werdende Leben. Segne unser Mahl und stärke unsere Gemeinschaft. Wir loben dich und wir danken dir, jetzt und allezeit. Amen.

12. VERABSCHIEDUNG

Dann verabschieden sich alle. Sie umarmen die Schwangere und sagen ihr ihre Hilfe und Unterstützung zu.

4. VERLOBUNG UND HOCHZEIT

Verlobung und Hochzeit sind Höhepunkte unseres Lebens. Zwei Menschen haben sich gefunden, sie versprechen einander Treue und wollen ein gemeinsames Leben beginnen. Es ist sinnvoll, eine solche Feier mit einem Gottesdienst zu ergänzen. Viele Paare heiraten heute nicht mehr nach dem kirchlichen Ritual. Oder dieses wird ihnen verwehrt, weil sie von einer Ehe geschieden sind. Im Gottesdienst bringen sie ihre Anliegen und ihre Freude vor den göttlichen Schöpfer. So erleben sie tiefe Gemeinschaft mit den Freunden und Verwandten.

Heute zerbrechen viele Ehen und Partnerbeziehungen, sie müssen dann neu begonnen werden. Es ist gut, jede Partnerschaft unter den Schutz Gottes zu stellen. Denn wir alle suchen letzte Geborgenheit und wollen unserem Leben einen tiefen Sinn geben. Verlobung und Hochzeit sind der Beginn einer neuen Gemeinschaft, die zumeist auf die Weitergabe des Lebens ausgerichtet ist. Im Gottesdienst zeigen wir einander Mitgefühl und Zuwendung an.

1. BEGRÜSSUNG

Der Leiter (Die Leiterin) begrüßt das Paar und die Feiernden. Er (Sie) spricht über den Inhalt und Ablauf des Gottesdienstes, über die Lesungen und das Ritual.

2. LESUNGEN

a) *Zwischen seine Augen stumm den Mund, einen wunderoten Falter setzen, seines Kindes Krokushände mit dem Tau des blauen Kruges netzen: Das wär' Erde mit den tiefsten Schätzen, Himmel mit dem höchsten Rund, Hölle, wenn ich nie es fände. (Gertrud Kolmar, Dies)*

b) *Du bist schön, meine Freundin, du bist voller Wunder. Dein Haar gleicht einer Herde von Ziegen, die vom Berg herunter zieht. Deine Lippen sind wie rote Bänder, dein Mund ist voll Liebreiz. Dein Hals ist wie ein Turm, deine Brüste sind wie Gazellen, die unter Lilien weiden. Alles an dir ist schön, meine Freundin, an dir ist kein Makel. Verzaubert hast du mich mit dem Blick deiner Augen, wie schön ist deine Liebe. – Wie schön bist du, mein Geliebter, du bist aus Tausenden ausgezeichnet. Dein Haupt ist reines Gold, deine Augen sind wie Trauben an Wasserbächen, deine Wangen wie Balsambeete voll mit Gewürzkräutern. Deine Lippen sind wie Lilien, sie tropfen von Myrrhe. Dein Mund ist voller Süße, alles an dir ist Wonne. Das ist mein Geliebter, ihr Töchter Jerusalems. (Hohes Lied 4,1–7; 5,10–16)*

3. MEDITATION

Nun lassen alle diese beiden Texte auf sich wirken, sie beziehen sie auf ihr eigenes Leben. Dabei lassen sie ihre Sehnsucht nach Liebe in sich zu. Dann sprechen sie über ihre Erfahrungen, über ihre Wünsche und Bedürfnisse, auch über Sorgen und Ängste.

4. BILDMEDITATION

Jetzt wird ein Bild aufgestellt, das das Paar ausgesucht hat. Es kann ein Bild der Kunst oder ein selbst gemaltes Bild sein. Es drückt unser Erleben von Zärtlichkeit, Zuwendung und Hingabe aus. Alle lassen das Bild auf sich wirken; dann sprechen sie über ihre Gefühle und Erfahrungen.

5. PANTOMIME

Danach tanzt eine Gruppe eine Pantomime, die den Beginn einer Partnerbeziehung ausdrückt. Die Tanzenden stellen in ihren Gesten und Bewegungen die Geschichte einer Begegnung dar: das Aufeinandertreffen, das Kennenlernen, das Staunen und die Ängste, die Sehnsucht nach Geborgenheit, das Erleben der sinnlichen Liebe. Ihr Tanz wird von Musik begleitet. Alle lassen den Tanz auf sich wirken, sie fühlen sich daran beteiligt.

6. ROLLENSPIEL

Jetzt erzählt das Paar eine Geschichte aus seinem Leben, die beide tief beeindruckt hat. Alle sprechen über diese Geschichte. Dann verteilen sie die Rollen und beginnen, die Geschichte zu spielen. Sie achten auf ihre Gefühle, die sie in ihren Rollen erleben. Zum Schluss sprechen sie offen über ihre Erfahrungen.

7. RITUAL

Der Leiter (Die Leiterin) erklärt den Sinn und die Abfolge der symbolischen Handlungen. Die Feiernden bilden einen Kreis, das Paar und der Leiter (die Leiterin) treten in diesen ein. Er (Sie) führt die beiden schweigend zusammen. Die beiden umarmen sich, sie geben einander die Hände. Nun windet der Leiter (die Leiterin) ein Seidenband um die Hände des Paares und bittet um den göttlichen Segen. Dann legt er (sie) den beiden die Hände auf den Kopf und schweigt.

Er (Sie) nimmt das Band von den Händen und salbt dann das Paar mit gesegnetem Öl: an den Händen und an der Stirn. Dann umarmt er (sie) beide.

Danach gehen die Einzelnen in den Kreis, umarmen das Paar und legen ihnen schweigend die Hände auf den Kopf. Sie sagen ihnen ihre guten Wünsche.

8. GEBETE

Gütiger und ewiger Gott, du bist uns Mutter und Vater. Von dir kommen wir und zu dir gehen wir. Du schenkst uns die Sehnsucht des Herzens und die Kraft der Liebe. Du führst uns zu Paaren zusammen und bist die Mitte unserer Gemeinschaft. Wir danken dir und loben dich, jetzt und allezeit. Amen.

Fürbitten
Du bist der Gott der Liebe und des Vertrauens, du begleitest unseren Weg durch das Leben. Du führst uns durch Höhen und Tiefen. Höre unsere Bitten:
- *Wecke in diesem Paar, das sich verbindet, die tiefe Sehnsucht nach der Liebe und dem gelingenden Leben.*
  A.: Du Gott der Liebe, erhöre uns.
- *Schenke diesem Paar, das dich in seiner Mitte weiß, das Vertrauen zueinander und die Kraft der Hingabe.*
  A.: Du Gott der Liebe, erhöre uns.
- *Lass diese beiden Menschen ihren gemeinsamen Weg gehen und schenke du ihnen die Weisheit des Lebens zu jeder Zeit.*
  A.: Du Gott der Liebe, erhöre uns.
- *Gib diesen beiden Menschen die innere Kraft, zusammenzustehen und einander zu tragen in schönen und schweren Stunden.*
  A.: Du Gott der Liebe, erhöre uns.

– *Schenke den beiden die Freude an der Sinnlichkeit und lasse sie gemeinsam und aneinander wachsen und reifen.*
A.: Du Gott der Liebe, erhöre uns.
Denn du bist der Schützer des Lebens und der Liebe, bei dir finden wir die letzte Geborgenheit. Wir loben dich und preisen dich, jetzt und allezeit. Amen.

9. LIEDER

Danach singen alle gemeinsam die Lieder, die sich das Paar ausgesucht hat. Einige der Lieder können selbst formuliert und gestaltet werden. Oder es singt eine Gruppe oder ein Sänger Texte, die zur Feier passen. Auch im Singen drücken wir unsere Freude über die beginnende Gemeinschaft aus.

10. TANZ

Die Musik ladet zum Tanzen ein; das Paar beginnt den Tanz, und alle schließen sich ihm an. Sie lassen sich von den Melodien und den Rhythmen tragen und drücken darin ihre erlebten Gefühle aus: Freude und Sehnsucht nach Glück, Geborgenheit und Zärtlichkeit, auch Sorge und Angst. Dann folgt eine kurze Pause der Ruhe.

11. MAHL

Danach setzen sich alle um die geschmückten Tische und beginnen ein Mahl. Sie sprechen über ihre Erfahrungen, Wünsche und Bedürfnisse. Der Leiter (Die Leiterin) spricht ein Gebet des Segens:
Gütiger und liebender Gott, du schenkst uns die Freude am Leben und an der Liebe. Segne unser Mahl und schenke diesem Paar die Kraft der Hingabe. Lass uns alle tiefe Gemeinschaft erleben. Wir danken dir und loben dich, jetzt und allezeit. Amen.

12. VERABSCHIEDUNG

Nach dem Mahl verabschieden sich alle. Sie versprechen dem Paar, es mitfühlend auf seinem Weg begleiten zu wollen. Dann umarmen sie sich und gehen auseinander.

5. SCHULABSCHLUSS UND BERUFSBEGINN

Wenn junge Menschen die Schule beenden oder das Studium abschließen, wenn sie in die Berufswelt einsteigen, dann ist es sinnvoll, zusammen mit Freunden und Verwandten einen Gottesdienst zu feiern. Denn jetzt geht ein Lebensabschnitt der Jugend zu Ende, es beginnt die Zeit der Arbeit. Immer brauchen wir Gottes Hilfe, die uns begleitet. Es ist der Zeitpunkt, um für die erfahrene Ausbildung zu danken und der Lehrer zu gedenken.

Zum andern geht es um den Beginn eines neuen Lebensabschnitts, um den Eintritt in das Erwerbsleben. Dieser ist mit vielen Hoffnungen, aber auch mit Ängsten und Unsicherheiten verbunden. Wir hoffen auf gute berufliche Entfaltung und wirtschaftlichen Erfolg; doch wir erleben auch die Angst vor der Überforderung und dem Verlust des Arbeitsplatzes. Alle diese Erfahrungen sollen im Gottesdienst ihren Ausdruck finden.

1. BEGRÜSSUNG

Die Leiterin (Der Leiter) begrüßt die Teilnehmer, vor allem die Jugendlichen, die gefeiert werden. Sie (Er) gibt eine Einführung zum Thema und den Lesungen und erläutert den Ablauf der Feier.

2. LESUNGEN

a) Ich dachte, die Aufnahmeprüfung ins Gymnasium würde ich bestimmt nicht bestehen. Aber es gelang. Aber nun falle ich in der ersten Gymnasialklasse bestimmt durch. Nein, ich fiel nicht durch, und es gelang immer weiter und weiter ... Über die Angst klage ich nicht so wie über die Faulheit der sumpfigen Zeit. Die Bürozeit nämlich lässt sich nicht zerteilen. Noch in der letzten halben Stunde spürt man den Druck der acht Stunden wie in der ersten. Es ist oft wie bei einer Eisenbahnfahrt durch Tag und Nacht. (Franz Kafka, Briefe an Max Brod)

b) Mein Sohn, vergiss nicht meine Lehre, bewahre meine Gebote in deinem Herzen. Sie vermehren die Tage und Jahre deines Lebens und bringen dir Wohlergehen. Nie sollen die Treue und die Liebe dich verlassen. Binde sie um deinen Hals und schreibe sie in dein Herz ... Schau auf die Ameise, wie sie arbeitet, und werde weise an Leben. Denn sie hat keinen Meister und keinen Aufseher. Und doch sorgt sie im Sommer für Futter und sammelt zur Erntezeit ihre Vorräte für den Winter ... Achte auf die Gebote deines Vaters und deiner Mutter und werde weise an Leben. (Buch der Sprüche 3,1–2; 5,6–8)

3. MEDITATION

Nun denken alle über diese beiden Texte nach; sie beziehen diese auf ihr Leben. Jeder meditiert über diese Texte und seine Situation. Dann sprechen alle offen über ihre Erfahrungen und Gefühle, über ihr Erleben im Beruf und bei der Arbeit.

4. BILDMEDITATION

Danach wird ein Bild aufgestellt, das die Welt der Arbeit darstellt. Es kann auch ein selbst gemaltes Bild sein; oder es können Fotos aus der Arbeitswelt sein. Alle betrachten diese Bilder und lassen sie auf sich wirken. Dann sprechen sie über ihre Erfahrungen im Berufsleben.

5. PANTOMIME

Eine Gruppe tanzt eine Pantomime zum Thema Schule und Arbeitswelt. Die Tanzenden drücken durch Gesten und Bewegungen das Lernen mit seinen Höhen und Tiefen aus. Dann stellen sie symbolisch die Welt der Arbeit dar: die Begeisterung und die Sorgen, das Glück und das Leiden. Am Ende sprechen alle über diese Pantomime und ihre eigenen Erfahrungen.

6. ROLLENSPIEL

Nun erzählt einer der Teilnehmer eine kurze Geschichte, entweder aus der Schule oder aus dem beginnenden Berufsleben. Alle sprechen über diese Geschichte. Dann verteilen sie die Rollen und beginnen diese Geschichte nachzuspielen. Dabei achten sie auf ihr inneres Erleben. Am Ende sprechen sie über ihre Gefühle und Erfahrungen.

7. RITUAL

Die Gruppe bildet einen Kreis. Die Gefeierten treten der Reihe nach in diesen. Nun übergibt die Leiterin (der Leiter) jedem ein Symbol, das den Schulabschluss bzw. den Berufsbeginn anzeigt. Dann legt sie (er) ihm die Hände auf die Schultern, spricht ein Segensgebet und salbt ihn an der Stirn mit gesegnetem Öl. Danach legen alle Teilnehmer dem Gefeierten die Hände auf die Schultern und sagen ihm ihre guten Wünsche.

8. GEBETE

Guter Gott, du hast die Welt in deiner Weisheit erschaffen. Du schenkst uns den Verstand, damit wir deine Weisheit Stück für Stück erkennen können. Diese jungen Menschen haben ihre Ausbildung abgeschlossen und treten in das Berufsleben ein. Du begleitest sie mit deiner Weisheit und deinem Segen. Wir loben dich, jetzt und allezeit. Amen.

Fürbitten
Ewiger Gott, du hast jedem Menschen andere Begabungen geschenkt. Denn du teilst nach deiner Weisheit jedem seine Aufgaben zu, die für die Gemeinschaft nützlich sind. Höre unsere Bitten:
- *Begleite diese jungen Menschen auf ihrem Weg durch das Leben und schenke ihnen Einsicht und Weisheit.*
  A.: Erhöre uns, Gott.
- *Lass diese jungen Menschen fortschreiten auf dem Weg des Lernens, damit sie ihre Aufgaben im Beruf erfüllen können.*
  A.: Erhöre uns, Gott.
- *Schenke diesen Menschen, die ihre Ausbildung abgeschlossen haben, Freude an ihrem Beruf und an der Arbeit.*
  A.: Erhöre uns, Gott.

– *Begleite alle arbeitenden Menschen in ihrem Beruf, besonders dann, wenn ihre Arbeit schwierig und bedrückend wird.*
A.: Erhöre uns, Gott.
– *Stehe allen denen bei, die sich im Beruf überfordert fühlen oder lange Zeit keine bezahlte Arbeit finden.*
A.: Erhöre uns, Gott.
Ewiger Gott, du begleitest uns durch die Zeit und das Leben. Lass uns aneinander und miteinander wachsen und in deiner Weisheit reif werden. Darum bitten wir dich und wir loben dich, jetzt und allezeit. Amen.

9. Lieder

Danach singen alle die vorbereiteten Lieder, die zum Thema des Gottesdienstes passen; es können herkömmliche oder neu gestaltete Lieder sein. Die Texte und die Melodien sollen die Empfindungen der Feiernden zum Ausdruck bringen.

10. Tanz

Jetzt beginnen alle zur Musik zu tanzen. In ihren Bewegungen drücken sie die Freude am Leben, am Beruf und an der Arbeit aus; aber auch die Beschwernis der Arbeit, die Sorge um den Unterhalt, die Dankbarkeit für die Gesundheit. Die Tanzenden lassen sich von ihren Gefühlen leiten und von der Musik tragen.

11. Mahl

Nach einer kurzen Pause setzen sich alle um die Tische und beginnen ein Mahl. Die Leiterin (Der Leiter) segnet die Speisen:
Guter Gott, du füllst unsere leeren Hände mit reichen Gaben. Segne dieses Mahl und unsere Gemeinschaft. Wir loben dich, jetzt und allezeit. Amen.

12. Verabschiedung

Nach dem Mahl verabschieden sich die Teilnehmer voneinander. Sie sagen einander ihre guten Wünsche und versprechen den jungen Menschen ihre Unterstützung in der Welt der Arbeit.

6. TRENNUNG UND SCHEIDUNG

Wir alle suchen nach dauerhaften Partnerbeziehungen; dennoch zerbrechen uns viele Ehen und Familien. Denn oft passen zwei Lebensgeschichten oder Personstrukturen gar nicht zusammen; oder die gegenseitigen Erwartungen waren unrealistisch. Aber jede Trennung ist ein schmerzliches Ereignis, bei allen Beteiligten bleiben Verletzungen zurück. Viele mühen sich heute, in einer umfassenden „Trauerarbeit" die Verletzungen zu heilen. Gerade für die Kinder sind die Trennungen schmerzlich, sie brauchen Hilfestellung.

Es ist sehr sinnvoll und hilfreich, die Trennung und Scheidung auch in einem Gottesdienst zum Thema zu machen. Denn wir erkennen vor Gott unser Scheitern und bitten um seine Hilfe. Wir danken vor ihm für die gemeinsam erlebte Zeit. Und wir bitten ihn und einander um Vergebung der Fehler, die wir gemacht haben. Dann können wir auch vor Gott versöhnt auseinander gehen, er wird unseren Weg weiterhin begleiten. Es werden Symbole vorbereitet, die das Zerbrechen der Beziehung zum Ausdruck bringen (Vase, Stab).

1. BEGRÜSSUNG

Der Leiter (Die Leiterin) begrüßt die Feiernden und das Paar, das sich trennen will oder getrennt hat. Er (Sie) spricht über die Symbolik des Rituals und den Ablauf der Feier und drückt den beiden seine (ihre) tiefe Anteilnahme aus.

2. LESUNGEN

a) *Für mich ist es ja etwas Ungeheuerliches, was geschieht. Meine Welt stürzt ein. Sieh zu, wie du dabei bestehst. Um das Stürzen klage ich nicht, sie war im Stürzen. Über ihr Sichaufbauen klage ich. Über meine schwachen Kräfte klage ich. Über das Geboren-Werden klage ich. Über das Licht der Sonne klage ich ... Nicht schreiben und verhindern, dass wir zusammenkommen. Nur diese Bitte erfülle mir im Stillen. Sie allein kann nur irgendein*

Weiterleben ermöglichen. Alles andere zerstört weiter. (Franz Kafka, Briefe an Milena)

b) Sei schnell bereit zum Hören, aber bedächtig bei der Antwort. Lass dich nicht doppelzüngig nennen, verleumde niemanden mit deinen Worten ... Willst du einen Freund gewinnen, dann schenke ihm nicht zu schnell dein Vertrauen. Mancher ist ein Freund in guten Zeiten, aber in schlechten Zeiten bleibt er dir fern. Mancher Freund wird dann zum Feind, denn im Unglück wendet er sich von dir ab. Doch für einen guten Freund gibt es keinen Preis, nichts wiegt seinen Wert auf. Unser Leben ist bei einem treuen Freund geborgen. Wer aber Gott liebt, findet die letzte Geborgenheit. (Jesus Sirach 5,1–6,17)

3. Meditation

Nun lassen alle diese Texte auf sich wirken und beziehen sie auf ihr Leben. Dann sprechen die Feiernden über ihre Erfahrungen, über die Trennungen und das Scheitern in ihrem Leben. Sie zeigen deutliches Mitgefühl mit dem Paar, das sich trennen muss.

4. Bildmeditation

Danach wird ein Bild oder eine Bildserie aufgestellt. Die Bilder zeigen das Zerbrechen einer Beziehung an. Es können Fotos sein oder selbst gemalte Bilder, auch Bilder der Kunst. Die Teilnehmer lassen diese Bilder auf sich wirken, dann sprechen sie über ihre Erfahrungen. Sie erzählen, wie sie selber mit Trennungen umgegangen sind und umgehen.

5. Pantomime

Jetzt tanzt eine Gruppe eine Pantomime, die Trennung und Scheidung zum Ausdruck bringt. Die Tanzenden stellen mit ihren Gesten und Bewegungen die Geschichte einer Begegnung dar: die zaghaften Anfänge, das Aufeinanderzugehen, das Vertrautwerden, die ersten Konflikte, das Auseinanderleben und die Trennung. Alle achten auf ihre tiefen Gefühle und sprechen am Ende offen darüber.

6. ROLLENSPIEL

Danach erzählt ein Teilnehmer einen Partnerkonflikt aus seinem Leben, der nur schwer oder gar nicht lösbar ist; es soll aber nicht der Konflikt des sich trennenden Paares sein. Alle sprechen über diese Geschichte. Dann verteilen sie die Rollen und spielen diese Geschichte nach. Jeder versucht, seine Rolle möglichst authentisch zu spielen. Dabei achten alle auf ihre erlebten Gefühle. Am Schluss sprechen sie offen über ihre Erfahrungen.

7. RITUAL

Das Ritual drückt auf symbolische Weise die Trennung aus. Der Leiter (Die Leiterin) stellt eine Vase und einen Stab in die Mitte des Raumes. Alle bilden einen Kreis darum herum. Dann zerbricht er (sie) den Stab und zerschlägt die Vase auf dem Boden. Alle bleiben still und lassen diese Symbolhandlung auf sich wirken.

Danach geht der Leiter (die Leiterin) auf das Paar zu, das sich trennt. Beide stehen sich gegenüber und geben einander die Hände. Dann lassen sie die Hände langsam und bewusst los; sie gehen nun auseinander und bleiben voneinander entfernt stehen.

Der Leiter (Die Leiterin) salbt die beiden an den Händen und an der Stirn mit gesegnetem Öl. Er (Sie) legt ihnen die Hände auf den Kopf und sagt ihnen seine (ihre) guten Wünsche. Danach legen alle im Kreis den beiden die Hände auf.

8. GEBETE

Guter Gott, du bist uns Vater und Mutter. Du schenkst uns Menschen die Fähigkeit zu Liebe und Bindung. Doch wir sind begrenzte Wesen, deswegen scheitern unsere Partnerbeziehungen allzu oft. Viele können nicht miteinander leben, weil sie nicht zusammenpassen. Begleite die Menschen, die sich trennen müssen, weil sie nicht mehr weiterkönnen. Darum bitten wir dich, jetzt und allezeit. Amen.

Fürbitten

Guter Gott, du Schöpfer der Welt, du begleitest unser Leben. Du schenkst uns die schönen Stunden der Gemeinsamkeit, aber du bürdest uns auch das Leiden auf. Höre unsere Bitten:
- *Stehe diesen beiden Menschen bei, die sich entschlossen haben, ihre Ehe zu beenden, weil sie nicht mehr miteinander leben können.*
A.: Wir bitten dich, erhöre uns.
- *Lass uns dankbar sein für die schöne Zeit, die sie miteinander erleben durften, und für das gemeinsame Glück.*
A.: Wir bitten dich, erhöre uns.
- *Heile du die kleinen und großen Wunden, die sie einander zugefügt haben, weil sie ihre Grenzen nicht kannten.*
A.: Wir bitten dich, erhöre uns.
- *Gib du den beiden die innere Kraft, ihren Weg weiterzugehen und nach einer tragfähigen Beziehung zu suchen.*
A.: Wir bitten dich, erhöre uns.
- *Hilf den Kindern dieser Familie, die sich trennen muss; lass sie weiterhin bei ihren Eltern geborgen sein.*
A.: Wir bitten dich, erhöre uns.
Denn du schenkst uns die Fähigkeit der Liebe und verbindest uns Menschen. Doch du trennst uns wieder, wenn wir nicht miteinander leben können. Breite deine schützende Hand über uns alle. Wir danken dir, jetzt und allezeit. Amen.

9. Lieder

Danach werden Lieder gesungen, welche die persönliche Situation der Sich-Trennenden zum Ausdruck bringen. Das können selbst verfasste Liedtexte sein. Sie müssen vorsichtig ausgesucht werden, damit sie die Situation der Sich-Trennenden treffen.

10. Tanz

Das Singen geht in den Tanz über: Alle bewegen sich zur Musik frei, sie drücken ihre Betroffenheit und Traurigkeit aus. Aber langsam wird die Musik heller. Die Tanzenden spüren, dass das Leben weitergeht; nach jeder Trennung folgt eine neue Begegnung. Auch diese Hoffnung und Erfahrung wird in der Bewegung ausgedrückt. Dann ruhen sich alle kurz aus.

11. Mahl

Nun setzen sich alle um die Tische und beginnen ein einfaches Mahl. Der Leiter (Die Leiterin) segnet die Speisen:

Gütiger Gott, von dir kommt die Kraft der Liebe und der Hingabe. Segne unser Mahl und unsere Gemeinschaft. Wir danken dir, jetzt und allezeit. Amen.

12. Verabschiedung

Zuletzt verabschieden sich alle voneinander. Sie versprechen dem Paar, das sich nun trennt, auch weiterhin ihre Unterstützung und Hilfe bei den konkreten Problemen des Alltags.

7. UNFALL UND KRANKHEIT

Viele erleiden plötzlich einen Unfall, auf den sie nicht gefasst waren. Andere werden schwer krank und warten auf Heilung. Solche Situationen sind sehr schwer zu ertragen, da brauchen wir immer die Unterstützungen von Freunden und helfenden Menschen. Es ist gut, wenn wir unseren Schmerz vor Gott tragen können; denn er begleitet unser Leben. Dann wird es möglich, dass wir auch im Leiden einen Sinn erkennen. Oder es werden heilende Kräfte in uns freigesetzt.

Der göttliche Schöpfer will von allen Menschen, dass sie ihr Leben entfalten und gesund leben. Doch oft schickt er ein Leiden, aus dem wir für unser persönliches Leben etwas lernen sollen. Beim Gottesdienst werden Symbole verwendet, die den Schmerz der Krankheit, aber auch die Hoffnung auf Heilung zum Ausdruck bringen.

1. BEGRÜSSUNG

Die Leiterin (Der Leiter) begrüßt die Feiernden, vor allem die Kranken und die von einem Unfall Betroffenen. Sie (Er) schildert kurz deren Situation und lädt alle zur einfühlsamen Mitfeier ein.

2. LESUNGEN

a) *Die Entwurzelung ist bei weitem die gefährlichste Krankheit der Menschen, denn sie schreitet fort. Entwurzelte Wesen verfallen einer seelischen Trägheit, die fast dem Tod gleichkommt. Die Einwurzelung ist das wichtigste Bedürfnis der menschlichen Seele ... Das Bild des Kreuzes wird zur unerschöpflichen Kraft für jene, die schwere Lasten tragen und am Abend müde sind von der Schwere der Dinge. Der Leib Christi am Kreuz hat das Universum aufgehoben. Auch unser Leiden ist ein Gegengewicht gegen die Schwerkraft des Universums. Denn im Leiden entzündet sich die Gottesliebe. Die einen blicken auf die Auferstehung. Den anderen genügt das Kreuz, das sie verwandelt. (Simone Weil, Das Unglück und die Gottesliebe)*

b) *Da sprach der leidende Hijob: Mein Herz ist verwirrt, meine glücklichen Tage sind nun ausgelöscht. Bitterkeit und Spott begleiten mich. Vor Kummer sind meine Augen matt geworden, meine Glieder schwinden dahin. Würde doch mein Schmerz gewogen, denn er ist schwer wie der Sand am Meer. Woher kommt mir die Kraft, dass ich aushalten kann in meinem Leiden? Die Liebe des Freundes gehört dem Verzagten. Doch viele Freunde halten sich nun von mir fern. Mein Leben ist wie ein Hauch, es schwindet dahin wie eine Wolke am Himmel. Aber ich wehre mich gegen das Leiden, meine Seele ist betrübt und klagt vor Gott. Ich kann nicht mehr, lass ab mit deiner Strafe. Wie lange noch schaust du weg und lässt mich allein? (Hijob 6–7)*

3. MEDITATION

Nun lassen alle diese Texte auf sich wirken, sie beziehen diese auf ihr Leben. Dabei denken sie an das Leben der Kranken und der

Unfallopfer unter ihnen. Dann sprechen sie über ihre Erfahrungen, wie sie mit dem Leiden umgehen und welchen Sinn sie ihm zu geben versuchen. Alle sprechen auch über ihre eigenen Ängste und Nöte.

4. BILDMEDITATION

Danach werden mehrere Bilder für die Meditation aufgestellt. Diese beziehen sich auf Situationen des Leidens, auf Kranke und Unfallopfer. Wir denken darüber nach, welchen Sinn wir dem Leiden geben können. Alle sprechen über ihre Erfahrungen des Leidens. Die Kranken und Unfallopfer erzählen von ihrer konkreten Situation.

5. PANTOMIME

Jetzt tanzt eine Gruppe eine Pantomime, die den Schmerz der Leidenden, aber auch die mögliche Verwandlung des Leidens zum Ausdruck bringt. Die Tanzenden bewegen sich zuerst niedergedrückt und belastet. Doch langsam spüren sie innere Kraft in ihren Gliedern, sie erheben sich über den Schmerz; denn sie heben das Leidvolle empor zum Göttlichen. Der Tanz sagt uns, dass es möglich ist, das Leiden anzunehmen und zu verwandeln.

6. ROLLENSPIEL

Danach erzählt einer aus der Gruppe von einem Unfall oder vom Ausbruch eines Leidens. Dann sprechen alle über diese Geschichte. Sie versuchen, diese Erfahrung vorsichtig mit verteilten Rollen nachzuspielen. Die Rollen werden verteilt; jeder versucht, authentisch zu spielen; alle achten auf ihre Gefühle, die sie jetzt erleben. Zum Schluss sprechen sie sehr offen über ihre Erfahrungen.

7. RITUAL

Die Gruppe bildet einen Kreis. In der Mitte sind die Kranken und Leidenden. Zuerst spricht die Leiterin (der Leiter) ein Segensgebet über alle. Dann überbringt sie (er) den Leidenden und Kranken ein Symbol, das auf die Verwandlung des Leidens hindeutet: eine Blume, eine Kerze, ein Kreuz.

Sie (Er) legt jedem der Betroffenen die Hände auf den Kopf, um ihm innere Kraft zu übertragen. Dann salbt sie (er) jeden Einzelnen an der Stirn mit gesegnetem Öl; sie (er) umarmt ihn und drückt ihm ihr (sein) Mitgefühl aus. Dann legen alle Teilnehmer den Kranken die Hände auf; sie sagen ihnen ihre guten Wünsche und versprechen ihnen konkrete Hilfe.

8. Gebete

Ewiger Gott, du teilst jedem Menschen sein Los zu. Die einen lässt du viele Leiden ertragen, die anderen erfreuen sich der Gesundheit und Kraft. Wir erkennen nicht deine Pläne und Ratschlüsse. Gib uns allen die innere Kraft, unser Schicksal anzunehmen und das Leiden zu verwandeln. Darum bitten wir dich, jetzt und allezeit. Amen.

Fürbitten
Gütiger Gott, viele Menschen werden von schweren Leiden niedergedrückt und können ihnen nicht entkommen. Du schenkst uns die Kraft des Lebens. Höre unsere Bitten:
- *Stehe den kranken Menschen bei, die durch Schmerzen gezeichnet sind, und schenke ihnen die Kraft der Heilung.*
  A.: Du Gott des Lebens, erhöre uns.
- *Wende dich all denen zu, die durch einen Unfall plötzlich ihre Gesundheit verloren haben, und richte sie wieder auf.*
  A.: Du Gott des Lebens, erhöre uns.
- *Begleite alle, die körperlich oder seelisch Schmerz erleiden, und gib ihnen die Hoffnung auf Linderung und Heilung.*
  A.: Du Gott des Lebens, erhöre uns.
- *Schenke uns allen die innere Kraft, die uns auferlegten Leiden anzunehmen und zu verwandeln.*
  A.: Du Gott des Lebens, erhöre uns.
- *Lass uns dazu beitragen, das Leiden der Mitmenschen mitzutragen und heilend auf sie zu wirken.*
  A.: Du Gott des Lebens, erhöre uns.

*Ewiger Gott, dein geliebter Sohn hat durch seinen Tod am Kreuz
das Leiden verwandelt und uns aus der Macht des Bösen erlöst.
Wir danken dir und wir loben dich, jetzt und allezeit. Amen.*

9. LIEDER

Danach singen alle die Lieder, die ausgewählt wurden. Diese
drücken den Schmerz der Leidenden aus, aber auch die Hoffnung auf
Heilung. Wir können auch neue Texte und Melodien verfassen, die aus
unserem Erleben kommen.

10. TANZ

Nun beginnen alle, die sich bewegen können, zu verhaltener
Musik zu tanzen. In ihren leisen Bewegungen drücken sie den Schmerz
und die Trauer aus, aber auch Mitgefühl und Zuneigung. Die Musik
wird heller, und im Tanz drücken die Feiernden ihre Hoffnung auf
Genesung und Linderung aus. Denn unser Leben ist immer eine
Mischung aus Freuden und Schmerzen.

11. MAHL

Nach einer kurzen Pause setzen sich alle um die Tische und
beginnen ein kleines Mahl. Die Leiterin (Der Leiter) spricht ein
Segensgebet:
*Guter Gott, du sendest uns die Freuden und das Leiden. Segne
unser Mahl und unsere Gemeinschaft. Wir danken dir für deine Gaben,
jetzt und allezeit. Amen.*

12. VERABSCHIEDUNG

Nach dem Mahl verabschieden sich alle voneinander. Sie sagen
den Kranken und Leidenden ihr Mitgefühl und ihre Hilfe zu.

8. PENSIONIERUNG UND RENTE

Es ist sinnvoll, zum Abschluss des Arbeitslebens mit Freunden einen Gottesdienst zu feiern. Denn nun kommt ein Lebensabschnitt zu Ende und ein neuer beginnt. Dies ist der Zeitpunkt, um dankbar zurückzuschauen auf ein langes Berufsleben. Das Thema des Gottesdienstes ist der Wert der Arbeit für den Einzelnen und die Gemeinschaft. Es ist an der Zeit, um dem göttlichen Schöpfer für die geschenkten Begabungen und Fähigkeiten zu danken, für das Recht auf Arbeit und das im Beruf Erreichte. Auch das Leidvolle im Arbeitsprozess soll erinnert werden: Krankheit, Arbeitslosigkeit, Stress, Scheitern.

Vor allem schauen wir jetzt voraus auf den neuen Zeitabschnitt des Ruhestandes mit seinen neuen Aufgaben. Es werden Symbole vorbereitet, die die neuen Aufgaben im familiären Bereich anzeigen.

1. BEGRÜSSUNG

Der Leiter (Die Leiterin) begrüßt die Feiernden und vor allem diejenigen, die jetzt in den Ruhestand eintreten. Er (Sie) erklärt die Texte, die Symbole und den Ablauf der Feier.

2. LESUNGEN

a) *Was bedeutet schon mein Leben? Ich will nur, dass es bis zum Schluss dem Kinde treu bleibt, das ich einmal war. Ich weiß nicht, ob das Leben mich liebt. Aber Gott hat mir die Gnade erwiesen, dass ich das Leben liebe. Nur Dummköpfe durchrasen das Leben, ohne sich die Zeit zu nehmen, es genau anzusehen. Denn unser Leben ist voll mit wunderbaren Geheimnissen, die es für alle bereithält und nach denen selten jemand fragt. (Georges Bernanos, Briefe an Fernandez)*

b) *Der Segen Gottes ruht auf den Redlichen und Gerechten. Wer aufrichtig seinen Weg geht, der kommt zum Ziel. Wenn wir hassen, beginnt der Streit. Allein die Liebe deckt unter uns viele Fehler zu. Den Törichten macht es Freude, Böses zu tun. Doch weise Menschen gehen den Weg der Gerechtigkeit. Wer seinen Nächs-*

ten verächtlich macht, schädigt die ganze Stadt. *Jeder soll eifrig Arbeit leisten, dann wird ihm Wohlstand geschenkt. Kein Mensch soll auf Kosten anderer leben und die Arbeit verweigern. Wer vieles an andere austeilt, bekommt viel von ihnen zurück. Doch der Geizige muss darben. (Buch der Sprüche 10–12)*

3. MEDITATION

Jetzt lassen alle diese Texte auf sich wirken, sie denken darüber nach und beziehen sie auf ihr Leben. Dann sprechen sie über ihre Erfahrungen der Arbeit und des Ruhestands.

4. BILDMEDITATION

Nun werden Bilder und Fotos aufgestellt, welche die Arbeitswelt darstellen. Das können auch selbst gemalte Bilder sein. Alle betrachten die Bilder und beziehen sie auf ihr Leben. Dann sprechen alle über ihre Erfahrungen am Arbeitsplatz oder im Ruhestand.

5. PANTOMIME

Danach tanzt eine Gruppe eine Pantomime zum Thema Arbeit und Ruhestand. Die Tänzer drücken in ihren Bewegungen und Gesten zum einen die Beschwernis der Arbeit aus, zum andern aber die Freude an der eigenen Tätigkeit. Sie stellen das langsame Abschiednehmen vom Arbeitsplatz dar sowie das Suchen nach neuen Aufgaben des Lebens. Es ist vor allem Dankbarkeit, die im Tanz zum Ausdruck kommt.

6. ROLLENSPIEL

Jetzt erzählt die Person, die in den Ruhestand tritt, eine Geschichte aus ihrem Leben, die ihr wichtig ist. Alle sprechen über diese Geschichte aus der Welt der Arbeit. Dann verteilen sie die Rollen und spielen diese Geschichte, so gut sie können. Alle achten auf ihre Gefühle, die sie dabei erleben. Dann sprechen sie ausführlich über ihre Erfahrungen.

7. RITUAL

Alle bilden einen Kreis. In der Mitte stehen die Personen, die in den Ruhestand eintreten. Der Leiter (Die Leiterin) übergibt jedem ein Symbol, das den Abschied von der Arbeitswelt andeutet. Er (Sie) gibt ihnen ein zweites Symbol, das auf neue Lebensaufgaben hinweist. Dann legt er (sie) ihnen die Hände auf den Kopf, spricht ein Segensgebet und salbt ihre Stirn mit gesegnetem Öl. Danach legen alle Teilnehmer den Gefeierten die Hände auf die Schultern und sagen ihnen ihre guten Wünsche.

8. GEBETE

Guter Gott, du Schöpfer der Welt und der Zeit. Du schenkst jedem von uns seine Begabungen und Aufgaben. Wir sollen sie für die Gemeinschaft einsetzen und nützliche Arbeit tun. Doch es gibt auch eine Zeit der Ruhe und des Loslassens. Wir danken dir für alles, was du uns schenkst und was wir entfalten durften. Wir loben dich, jetzt und allezeit. Amen.

Fürbitten
Du ewiger Gott, Vater und Mutter aller Menschen. Du nimmst uns an deiner Hand und führst uns durch das Leben. Denn du liebst uns Menschen. Höre unsere Bitten:
- *Wende dich diesen Menschen in unserer Mitte zu, die ihre Berufstätigkeit beenden und in den Ruhestand eintreten.*
  A.: Herr, Gott, erhöre uns.
- *Begleite diese Menschen, die viel für die Gemeinschaft geleistet haben, mit deinem Schutz und Segen.*
  A.: Herr, Gott, erhöre uns.
- *Zeige ihnen neue Aufgaben in der Familie und unter den Freunden, damit sie ihre Begabungen entfalten können.*
  A.: Herr, Gott, erhöre uns.
- *Lass uns alle dankbar auf unsere Arbeit schauen, denn sie ermöglicht uns ein gutes und zufriedenes Leben.*
  A.: Herr, Gott, erhöre uns.

– Schenke den älteren Menschen innere Kraft, um ihr Leben zu bestehen, wenn es beschwerlich und leidvoll wird.
A.: Herr, Gott, erhöre uns.
Denn du bist der Schützer des Lebens, du begleitest uns mit deiner schützenden Hand. Wir loben dich, jetzt und allezeit. Amen.

9. LIEDER

Nun singen alle die ausgewählten Lieder, die zum Thema der Feier passen. Das können herkömmliche oder moderne Lieder sein; einige Texte können neu gedichtet werden. Sie drücken vor allem die Dankbarkeit für den zurückliegenden Lebensabschnitt aus.

10. TANZ

Dann beginnen alle zur Musik zu tanzen, sie bewegen sich frei. In ihren Bewegungen drücken sie die Freude an der Arbeit, aber auch die Last des Alltags aus. Vor allem ist es die Dankbarkeit, die sie darstellen und erleben. Dann ruhen sich alle kurz aus.

11. MAHL

Nach einer kurzen Pause setzen sich alle um die Tische und feiern ein Mahl. Alle sprechen über ihre Erfahrungen in der Welt der Arbeit und in der Zeit der Rente. Der Leiter (Die Leiterin) segnet die Speisen mit einem Gebet:
Gütiger Gott, du bist unsere Mutter und unser Vater. Segne dieses Mahl und unsere Gemeinschaft und lass uns alle in der Liebe wachsen. Wir loben dich, jetzt und allezeit. Amen.

12. VERABSCHIEDUNG

Nach dem Mahl verabschieden sich alle, sie wünschen den Gefeierten alles Gute für den neuen Lebensabschnitt und versprechen ihnen Hilfe und Kooperation für konkrete Vorhaben.

9. ÄLTERWERDEN UND ALTSEIN

Wir werden älter, die Grenzen unseres Lebens werden enger. Es ist sinnvoll, wenn wir von Zeit zu Zeit einen Gottesdienst mit alten Menschen feiern. Wir drücken damit unsere Verbundenheit mit ihnen aus. Hier können die Alten zusammen mit Jüngeren die Feier gestalten. Immer geht es um die Dankbarkeit für das Leben, das Ertragen von Leiden, das Annehmen der eigenen Grenzen. Wir können in der gemeinsamen Feier Gemeinschaft und Stärkung erleben. Denn wir erkennen unsere Aufgaben und gehen bewusst auf den Tod zu.

1. BEGRÜSSUNG

Die Leiterin (Der Leiter) begrüßt die Feiernden, im Besonderen die alten Menschen. Sie (Er) erklärt die Lesungen, die Symbole und den Ablauf der Feier.

2. LESUNGEN

a) *Wir wollen nur das alltägliche Leben kennen. Es ist uns so vertraut wie die Bäume unserer Felder und alle Haustiere. Es war der Gefährte unserer Jugend, zusammen haben wir unsere närrischen Streiche verübt. Zusammen werden wir Seite an Seite alt werden. Und noch im Sterben werden wir es ansehen, dieses unser Leben. Wir werden die Hand dieser alten besinnlichen Mutter ergreifen, um zu versuchen, bis zum Schluss still zu bleiben. Wir wollen die anderen nicht bei der Arbeit stören. Ihre Hand ist erfüllt von den Geheimnissen der Erde. (Georges Bernanos, Wir Franzosen)*

b) *Ich will Gott allezeit preisen, meine Seele rühmt sich vor ihm. Denn die Armen sollen es hören und sich freuen. Ich habe Gott gesucht, und er hat mich gehört. Aus vielen Ängsten hat er mich herausgerissen. Wenn ich auf ihn schaue, wird mein Gesicht hell. Seine Engel begleiten alle, die ihn ehren. Schaut doch, wie gütig Gott zu uns allen ist. Er beschützt die, die sich zu ihm flüchten.*

Wer Gott liebt, der kennt keinen Mangel. Seine Augen schauen
auf die Gerechten, seine Ohren hören auf ihr Rufen. Er ist allen
denen nahe, die ein zerbrochenes Herz haben. Und er erlöst alle,
die Schweres zu tragen haben. (Psalm 34)

3. MEDITATION

Jetzt lassen alle diese Texte auf sich wirken, sie denken darüber
nach und beziehen sie auf das eigene Leben. Sie überlegen, wie sie mit
ihrem Älterwerden zurechtkommen. Dann sprechen sie offen über ihre
Erfahrungen, Probleme und Nöte.

4. BILDMEDITATION

Danach werden Bilder aufgestellt, die das Altwerden zum
Thema haben. Das können Bilder der Kunst, Fotos oder selbst gemalte
Bilder sein. Alle schauen auf diese Bilder und lassen sie auf sich wirken.
Dann sprechen sie darüber, wie sie ihr Älterwerden erleben.

5. PANTOMIME

Jetzt tanzt eine Gruppe eine Pantomime zum Thema Altwerden
und Altsein. Die Tanzenden drücken in ihren Bewegungen und Gesten
die Erfahrungen des Älterwerdens aus: das Abnehmen der Kräfte, die
engeren Grenzen des Lebens, die Trauer und Bedrückung, aber auch
die Hoffnung und Zuversicht. Zum Schluss sprechen alle über ihre
Erfahrungen, Wünsche und Ängste.

6. ROLLENSPIEL

Nun erzählt ein alter Mensch ein Erlebnis aus der letzten Zeit,
das ihn bewegt hat. Alle sprechen über dieses Erlebnis und vertiefen
es. Dann werden die Rollen verteilt, und die Geschichte wird nachgespielt. Alle achten auf ihre Gefühle, die sie beim Spiel erleben. Sie
sprechen offen über ihre Erfahrungen des Älterwerdens und des Alt-
seins.

7. RITUAL

Die Gruppe bildet einen großen Kreis. Die älteren Menschen treten in den Kreis oder sie sitzen in diesem. Nun übergibt die Leiterin (der Leiter) jedem Einzelnen Symbole, die das Älterwerden und neue Aufgaben im Alter andeuten. Dann legt sie (er) jedem der Älteren die Hände auf den Kopf und spricht ein Segensgebet. Sie (Er) salbt jeden Einzelnen an der Stirn mit gesegnetem Öl. Dann legen alle Teilnehmer den alten Menschen die Hände auf die Schultern und sagen ihnen gute Wünsche.

8. GEBETE

Gütiger Gott, du begleitest uns wie ein Vater und eine Mutter durch das Leben. Bei dir dürfen wir uns geborgen wissen, denn du lenkst unsere Wege. Du schenkst uns unsere Fähigkeiten und Begabungen, aber du ziehst uns auch die Grenzen. Wenn wir alt werden, dann werden unsere Grenzen enger, dies ist der natürliche Lauf der Dinge. Wir danken dir und wir loben dich, jetzt und allezeit. Amen.

Fürbitten
Ewiger Gott, du Spender des Lebens. Von dir kommen wir her, und auf dich gehen wir zu, denn bei dir finden wir Heimat. Höre unsere Bitten:
- *Schaue voll Güte auf die alten Menschen unter uns und gib ihnen die Kraft, ihre Lebensgrenzen anzunehmen.*
  A.: Gott, du Spender des Lebens, erhöre uns.
- *Stehe den Leidenden und Verzagten bei, die im Alter keinen Sinn und keine Aufgabe sehen können.*
  A.: Gott, du Spender des Lebens, erhöre uns.
- *Nimm die Kranken und Leidenden an deine Hand, lindere ihre Schmerzen und gib ihnen die Hoffnung auf ewiges Leben.*
  A.: Gott, du Spender des Lebens, erhöre uns.
- *Gib den Jüngeren unter uns Respekt und Ehrfurcht vor den Älteren, denn auch ihre Jahre schreiten voran.*
  A.: Gott, du Spender des Lebens, erhöre uns.

– *Schenke uns allen Mitgefühl mit den Älteren, damit wir ihre Sorgen und Bedürfnisse besser verstehen lernen.*
A.: Gott, du Spender des Lebens, erhöre uns.
Gütiger Gott, du bist der Anfang und das Ende, du schenkst uns das Wachsen und das Vergehen. Bei dir finden wir letzte Geborgenheit und Heimat. Wir loben dich, jetzt und allezeit. Amen.

9. LIEDER

Nun werden einige Lieder gesungen, die vorher ausgewählt wurden; es können herkömmliche oder neue Lieder sein. Sie sagen etwas über den Verlauf des Lebens und das Älterwerden.

10. TANZ

Dann beginnen alle, sich zu geeigneter Musik frei zu bewegen. Auch die alten Menschen tun es, soweit sie können. Alle drücken im Tanz ihre Befindlichkeit, aber auch ihre Wünsche und Bedürfnisse aus. Wir zeigen darin auch die Bereitschaft, die Grenzen unseres Lebens anzunehmen.

11. MAHL

Nach einer kurzen Pause setzen sich alle um die Tische und beginnen ein kleines Mahl. Die Leiterin (Der Leiter) spricht ein Segensgebet:
Gütiger Gott, du schenkst uns Kraft und Hoffnung in jedem Lebensalter. Segne unser Mahl und stärke unsere Gemeinschaft. Wir loben dich, jetzt und allezeit. Amen.
Alle sprechen noch länger über ihre Erfahrungen.

12. VERABSCHIEDUNG

Nach dem Mahl verabschieden sich alle. Sie sagen den alten Menschen ihre guten Wünsche und die Bereitschaft, ihnen zu helfen, wenn dies nötig ist.

10. TOD UND BEGRÄBNIS

Der Tod eines Menschen ist ein tiefer Einschnitt im Leben einer Familie oder von Freunden. Ein Mensch ist weggegangen, der in der Gemeinschaft wichtig war. Trauer erfüllt unser Herz, und wir denken an sein Leben, das nun zu Ende ist. Sein Weggehen reißt eine Lücke, die wir nun füllen müssen. Daher ist es sinnvoll, wenn wir die Verabschiedung von einem Verstorbenen in einem Gottesdienst feiern können. Denn Gott ist der Herr über das Leben und den Tod, wir tragen unseren Schmerz vor ihn hin.

Zumeist wird das Begräbnis nach dem kirchlichen Ritual gefeiert. Aber dieses kann durch einen Gottesdienst ergänzt werden, der von der Familie und von Freunden gestaltet wird. Hier bleibt mehr Raum für kreatives Gestalten und Feiern.

1. BEGRÜSSUNG

Der Leiter (Die Leiterin) begrüßt die Trauernden, er (sie) spricht kurz über das Leben des Verstorbenen. Ein Bild von ihm wird aufgestellt. Dann erklärt er (sie) die Lesungen, die Symbole und den Ablauf der Feier.

2. LESUNGEN

a) *Ich habe Tote, und ich ließ sie hin. Und war erstaunt, sie so getrost zu sehn. So rasch zu Hause im Totsein, so gerecht, so anders als ihr Ruf. Nur du, du kehrst zurück. Du streifst mich, du gehst um; du willst an etwas stoßen, damit es klingt von dir und dich verrät. (Rainer Maria Rilke, Requiem für eine Freundin)*

b) *Jesus am Kreuz aber schrie laut auf, dann hauchte er seinen Geist aus. Der Vorhang im Tempel zerriss. Der römische Hauptmann sagte: Dieser war ein göttlicher Sohn ... Dann nahm Josef aus Arimathäa den Leichnam Jesu vom Kreuz ab. Er wickelte ihn in ein Leintuch und legte ihn in ein Felsengrab. Dann wälzte er einen Stein vor das Grab. Zwei Frauen beobachteten, wohin sie den Leichnam gelegt hatten. (Markus 15,37–47)*

3. MEDITATION

Die Feiernden lassen die Texte auf sich wirken, sie denken darüber nach und beziehen sie auf ihr Leben. Dann sprechen sie über den Toten, über ihre Trauer und ihre Hoffnung.

4. BILDMEDITATION

Nun wird ein großes Bild des Verstorbenen aufgestellt; es können mehrere Bilder aus seinem Leben sein. Alle lassen die Bilder auf sich wirken, sie erinnern sich an das Leben des Verstorbenen. Dabei denken sie an gemeinsame Erlebnisse und lassen ihre Trauer zu. Dann sprechen sie über ihr Erleben und ihre Erinnerung.

5. PANTOMIME

Danach tanzt eine kleine Gruppe eine Pantomime, die Abschied und Trauer ausdrücken will. Die Tänzer stellen in ihren Gesten und Bewegungen den Schmerz dar, den alle erleben; es ist der Schmerz der Trennung und des Abschieds. Doch nach einiger Zeit tanzen sie auch die Dankbarkeit für das Leben und die Hoffnung auf das Ewige; es ist die Hoffnung, dass der Tod nicht alles zerstören möge.

6. ROLLENSPIEL

Nun erzählt einer der Feiernden eine Geschichte aus dem Leben des Verstorbenen, die ihn beeindruckt hat. Danach sprechen alle über diese Geschichte. Sie verteilen die Rollen und versuchen, diese Begebenheit nachzuspielen. Alle achten auf ihre Gefühle, die sie dabei erleben. Dann sprechen sie ausführlich über ihre Erinnerungen an den Verstorbenen.

7. RITUAL

Die Gruppe bildet einen Kreis. In der Mitte stehen eine Vase, ein Bild des Verstorbenen und ein Holzstab. Nun nimmt der Leiter (die Leiterin) den Stab in die Hände und zerbricht ihn. Dann hebt er (sie) die Vase empor und lässt sie zu Boden fallen. Alle erleben den Schmerz des Zerbrechens, sie lassen ihrer Trauer freien Lauf. Dann werden die Teile der Vase und des Stabes aus dem Raum getragen. Die Teilnehmer stehen eng nebeneinander und bilden Paare. Sie umarmen sich und spüren ihre Nähe. Dann legen sie sich gegenseitig die Hände auf die Schultern, um sich Mut zu geben. Es folgt ein Salbungsritual: Der Leiter (Die Leiterin) salbt jeden Teilnehmer mit gesegnetem Öl an der Stirn, um seine Lebenskraft zu stärken.

8. Gebete

Du ewiger Gott, du schenkst uns das Leben und nimmst es von uns. Es fällt uns schwer, von einem geliebten Menschen Abschied zu nehmen. Wir spüren tiefe Wunden in unserer Seele, denn wir erinnern uns der gemeinsamen Erlebnisse mit ihm. Doch jetzt müssen wir Abschied nehmen. Es bleibt uns aber die Hoffnung, dass sein Leben Vollendung findet bei dir. Wir loben dich, jetzt und allezeit. Amen.

Fürbitten
Guter Gott, du Vater und Mutter des Lebens. Gemäß deinem ewigen Ratschluss kommt unser Leben einmal zu Ende. Höre unsere Bitten in der Stunde der Trauer:
- *Nimm die Seele des Verstorbenen, den wir heute betrauern, in deine himmlische Heimat auf.*
   A.: Du Herr über Leben und Tod, erhöre uns.
- *Heile du seine Wunden, die er im Lauf seines Lebens erfahren hat, und schenke ihm die Vollendung bei dir.*
   A.: Du Herr über Leben und Tod, erhöre uns.
- *Mache du alle die Fehler wieder gut, die er im Lauf seines Lebens gemacht hat, und nimm von ihm alle Schuld.*
   A.: Du Herr über Leben und Tod, erhöre uns.
- *Tröste uns, die wir diesen Menschen geliebt haben, und stärke in uns die Hoffnung auf ein Wiedersehen bei dir.*
   A.: Du Herr über Leben und Tod, erhöre uns.

– *Vollende du alles das, was dieser Mensch in seinem Leben begonnen hat, und erfülle seine tiefe Sehnsucht.*
A.: Du Herr über Leben und Tod, erhöre uns.
Denn du hast uns alle nach deinem Bild geschaffen, unsere Seele hat bei dir Dauer und Bestand. Dafür loben wir dich, jetzt und allezeit. Amen.

9. LIEDER

Nun werden die Lieder gesungen, die ausgewählt wurden. Es können alte Lieder oder neu gestaltete Texte sein. Sie drücken unsere Trauer, aber auch unsere Hoffnung aus. Im Singen erleben wir Trost und Geborgenheit.

10. TANZ

Dann erklingt traurige Musik. Wer will, kann sich dazu bewegen. Er drückt in seinen Bewegungen den Schmerz der Trennung aus. Die andern hören der Musik zu, sie lassen sie auf sich wirken. Zuletzt bleiben alle eine Zeit lang still sitzen.

11. MAHL

Nach dem Tanz setzen sich alle um die Tische und beginnen ein kleines Mahl. Ein Bild des Verstorbenen ist aufgestellt. Alle sprechen über den Verstorbenen; sie sagen, was sie von ihm behalten und weitertragen wollen. Der Leiter (Die Leiterin) spricht ein Gebet:
Ewiger Gott, dein ist der Anfang und das Ende. Wir nehmen Abschied von einem geliebten Menschen. Segne unser Mahl und unsere Gemeinschaft. Lass uns in Liebe mit dem Verstorbenen verbunden bleiben. Amen.

12. VERABSCHIEDUNG

Nach dem Mahl verabschieden sich alle voneinander. Sie sagen sich gegenseitig ihre guten Wünsche und nennen den Zeitpunkt, an dem sie eine weitere Gedächtnisfeier begehen wollen.

III. JAHRESFESTE

Hier sollen einige Gottesdienste vorgezeichnet werden,
die zu den großen Jahreszeiten
und Jahresfesten gefeiert
werden können. Denn diese
Feste geben dem Jahreslauf
seine Struktur und Ordnung.
Dabei gehen oft religiöse und
profane Festzeiten ineinander
über, sie vermischen sich.
Es gibt Festzeiten der Ausgelassenheit und der Freude,
aber auch solche der Trauer
und der Umkehr.
Es ist gut, wenn wir das Leben
im Jahreskreis regelmäßig
mit einem Gottesdienst
feiern können.

1. ADVENTZEIT

Dies ist ursprünglich eine religiöse Festzeit, sie meint die Vorbereitung auf Weihnachten. Advent war einmal eine stille Zeit der Buße und der Umkehr von der Schuld. Heute ist der Advent eine laute Zeit geworden, die von Geschäftigkeit und wirtschaftlichen Umsätzen geprägt wird. Doch wir können ihr einen neuen Sinn geben: Es werden die Geschenke für Weihnachten gekauft, weil wir einander beschenken wollen. In unseren Geschenken drücken wir unsere Dankbarkeit und Zuneigung aus.

So ist die Adventzeit voller Musik und Licht, denn wir wollen der Dunkelheit der Jahreszeit und des Lebens entkommen. In einem Gottesdienst denken wir über Fehler unseres Lebens nach. Und wir schauen auf das große Fest der Menschwerdung, auf das wir zugehen.

1. BEGRÜSSUNG

Die Leiterin (Der Leiter) begrüßt die Feiernden. Sie (Er) erläutert die Lesungen, die Symbole, die Bilder und den Ablauf der Feier. Sie (Er) spricht über die Inhalte der Feier, über die Erforschung des Gewissens, die Umkehr von Schuld, die Reinigung des Herzens. Denn es geht um die Erlösung aus den Kräften des Bösen.

2. LESUNGEN

a) *Einmal kommst du zu mir in der Abendstunde, aus meinem Lieblingsstern weich entrückt; das ersehnte Liebeswort im Munde, alle Zweige werden schon geschmückt. Ich weiß, ich leuchte wieder dann, denn du zündest meine weißen Lichter an. Wann? Ich frage dich, seit ich dir begegnet bin: Wann? Einen Engel schnitt ich mir aus deinem goldenen Haar, und den Traum, der für mich so früh zerrann.* (Else Lasker-Schüler, *Weihnachten*)

b) *In jenen Tagen trat der Täufer Johannes auf, er war in der Wüste und rief: Kehret um von eurem bösen Weg, denn das*

Reich der Himmel naht sich. Schon der Prophet hat gesagt: Eine Stimme ruft in der Wüste; bereitet für Gott den Weg, ebnet ihm die Straßen ... Ich taufe euch mit Wasser zur Umkehr von euren Sünden. Aber nach mir kommt einer, der mit göttlichem Geist und mit Feuer taufen wird. (Matthäus 3,1–11)

3. Meditation

Nun lassen alle diese Texte auf sich wirken und beziehen sie auf ihr Leben. Dann sprechen sie darüber: Was bedeutet Umkehr für mein Leben? Welche sind die Fehler, die ich überwinden möchte? Wonach geht meine Sehnsucht und was verbinde ich mit der Zeit des Advents?

4. Bildmeditation

Danach wird ein Bild oder eine Bilderfolge aufgestellt, die den Advent zum Thema hat. Es geht um Vorbereitung und um moralische Umkehr im Leben. Alle schauen diese Bilder an und beziehen sie auf ihr Leben; sie sprechen dann über ihre Erfahrungen. Sie sagen, was sie mit Advent und Umkehr verbinden.

5. Pantomime

Nun tanzen einige eine Pantomime, die das Thema des Advents zum Ausdruck bringt. Sie stellen in ihren Bewegungen und Gesten alles das dar, was unser Leben beschwert und zu Boden drückt. Symbolisch werfen sie alte Lasten ab. Dann richten sie sich auf und drücken die Sehnsucht nach Licht, nach Wärme und nach Liebe aus. Am Ende sprechen alle über ihre Erfahrungen.

6. Rollenspiel

Dann erzählt ein Teilnehmer eine Geschichte aus seinem Leben, die mit Advent und mit Umkehr von einem falschen Weg zu tun hat. Alle sprechen über diese Geschichte. Dann verteilen sie die Rollen und versuchen, diese Begebenheit nachzuspielen. Sie achten auf ihre Gefühle, die sie in ihren Rollen erleben. Am Ende sprechen sie über ihre Erfahrungen.

7. RITUAL

Das Ritual drückt zum einen die Umkehr von Schuld, zum andern die Vorbereitung auf das Fest der Menschwerdung aus. Alle bilden einen Kreis. Jeder tritt der Reihe nach in die Mitte des Kreises und drückt auf symbolische Weise die Umkehr von einem Fehlverhalten aus. Er ändert z. B. die Richtung seines Gehens; oder er legt eine Last ab, die ihn bedrückt. Danach umarmen ihn alle und geben ihm Geborgenheit. Am Ende bilden sich Paare. Sie legen sich gegenseitig die Hände auf den Kopf und sagen sich ihre guten Wünsche.

8. GEBETE

Du ewiger Gott, du bist uns Vater und Mutter. Wir sind deine Abbilder im großen Kosmos, denn du hast uns mit Gefühl und mit Vernunft ausgestattet. Du zeigst uns den Weg des guten und gelingenden Lebens. Aber allzu oft weichen wir von diesem Weg ab, wir gehen in die Irre. Doch du rufst uns zur Umkehr vom Bösen, wir wollen auf deine Lichtspuren schauen. So loben wir dich und wir danken dir, jetzt und allezeit. Amen.

Fürbitten
Gütiger Gott, du liebst alle Menschen auf allen Kontinenten und zu allen Zeiten. Du willst, dass unser Leben gelingen kann. Höre unsere Bitten:
- *Lass uns rechtzeitig erkennen, wenn wir vom rechten Weg abkommen und in die Irre des Hasses und der Lüge gehen.*
  A.: Sei uns gnädig, erhöre uns.
- *Zeige uns die Folgen für unser Zusammenleben, wenn wir einander abwerten, täuschen oder verfolgen.*
  A.: Sei uns gnädig, erhöre uns.
- *Gib uns die innere Kraft, die Fehler unseres Lebens zu erkennen und uns entschieden von ihnen zu trennen.*
  A.: Sei uns gnädig, erhöre uns.
- *Vor allem bitten wir dich um die Kraft der Versöhnung und der Liebe, damit alle ihr Leben entfalten können.*

A.: *Sei uns gnädig, erhöre uns.*
– *Zeige uns den Weg des Mitgefühls und der Menschlichkeit, damit kein Mensch in der Kälte des Hasses und der Lüge frieren muss.*
A.: *Sei uns gnädig, erhöre uns.*
Gütiger Gott, du begleitest unsere Wege, wie immer sie sein mögen. Du verteilst uns die Aufgaben und Chancen, wie du es willst. Wir danken dir und loben dich, jetzt und allezeit. Amen.

9. LIEDER

Nun werden Lieder gesungen, die zum Advent passen: alte Volkslieder, moderne Gesänge, selbst verfasste Lieder. Wir drücken darin unsere Sehnsucht nach Licht und Erlösung, nach Menschlichkeit und Liebe aus; aber auch die Bereitschaft zur Umkehr vom Bösen.

10. TANZ

Dann beginnt Musik zu spielen; und alle bewegen sich zum Rhythmus und den Melodien. Sie drücken ihre seelische Befindlichkeit aus: Angst und Sorge, Sehnsucht und Lebensfreude. Wir bereiten uns auf das Fest der Menschwerdung vor.

11. MAHL

Nach einer Pause setzen sich alle um die geschmückten Tische und feiern ein kleines Mahl. Die Leiterin (Der Leiter) spricht ein Segensgebet:
Gütiger Gott, wir schauen auf dich in dieser dunklen Zeit. Segne unser Mahl und unsere Gemeinschaft, schenke uns das Licht der Liebe. Darum bitten wir dich, jetzt und allezeit. Amen.
Alle sprechen über ihre Erfahrungen des Advents, über ihre Wünsche und Intentionen.

12. VERABSCHIEDUNG

Nach dem Mahl verabschieden sich alle, sie sagen einander ihre guten Wünsche. Und sie sprechen über den Termin für den nächsten Gottesdienst.

2. WEIHNACHTSZEIT

Weihnachten ist das intensivste Fest des Jahreskreises, es rührt alle tief an. Denn es ist das Fest der göttlichen und der menschlichen Geburt, der Menschwerdung und der Liebe. Wir feiern die Geburt Jesu und unsere eigene Geburt. Dabei beginnen wir zu ahnen, dass sich bei jeder Geburt Göttliches ereignet. Daher sprechen wir von der göttlichen Menschwerdung und ahnen dabei unsere eigene Menschwerdung durch die Kraft der Liebe. So ist Weihnachten ein Fest der Erlösung aus der Kraft des Bösen. Frauen gebären Kinder und bringen durch ihren Instinkt der „Brutpflege" mehr an Liebesfähigkeit in die menschliche Kultur.

Die Weihnachtszeit dauert mehrere Wochen, von Beginn des Advents bis 11. Januar (Taufe Jesu). In dieser Zeit beschenken wir einander mit schönen und wertvollen Dingen. In uns wächst die Sehnsucht nach Licht und nach Geborgenheit.

1. BEGRÜSSUNG

Der Leiter (Die Leiterin) begrüßt die Feiernden. Er (Sie) erklärt die Intention und die Themen der Feier; auch die Lesungen, die Bilder und die Symbole. Der Raum ist mit Licht erfüllt und festlich geschmückt.

2. LESUNGEN

a) Die Liebe ist der Baum der Weihnacht. Wir welken längst wo angelehnt, am grauen Stein einer alten Mauer, so ausgelöscht; und haben uns gesehnt nach einem einzigen Lichtlein in der Weltentrauer. Wie nie auf einmal standen wir im Glanz; und unsere feierlichen Herzen hingegeben verglühten ineinander, wie im Tempeltanz. (Else Lasker-Schüler, Baum der Weihnacht)

b) Als Josef und Maria in Betlehem waren, kam für Maria die Zeit der Geburt. Sie gebar ihren erstgeborenen Sohn, wickelte ihn in Windeln und legte ihn in eine Futterkrippe. In der Herberge war für sie kein Platz. In der Umgebung lagerten Hirten, zu ihnen sprach der göttliche Engel: Fürchtet euch nicht, ich verkünde euch eine große Freude. Heute ist euch ein Retter geboren. Ihr werdet ein Kind in der Futterkrippe finden. Da sangen die Engel im Chor: Verherrlicht ist Gott in der Höhe, und Friede kommt zu den Menschen seiner Gnade. (Lukas 2,5–14)

3. MEDITATION

Nun lassen alle diese beiden Texte auf sich wirken. Sie denken darüber nach und beziehen sie auf ihr Leben. Dann sprechen sie über diese Texte, über ihre Symbolsprache, den Sinn der Weihnacht, die Bedeutung der Menschwerdung. Jeder versucht zu sagen, was für ihn Weihnachten bedeutet und was er von diesem Gottesdienst mitnehmen möchte.

4. BILDMEDITATION

Danach werden verschiedene Bilder der Weihnacht aufgestellt; es können auch selbst gemalte Bilder sein. Alle lassen diese Bilder auf sich wirken. Dann sprechen sie darüber, wie sie Weihnachten erleben, was für sie eine Geburt bedeutet. Sie sprechen über ihre Gefühle und Erfahrungen, wenn sie Weihnachten feiern. Gemeinsam wollen sie dem Geheimnis des Festes näher kommen.

5. PANTOMIME

Nun wird von einer Gruppe eine Pantomime getanzt, die das Erleben der Weihnacht zum Inhalt hat. Die Tänzer können durch ihre Bewegungen und Gesten die Botschaft des Engels darstellen oder das Erleben von Schwangerschaft und Geburt; die Freude über das Kind, das Glück der stillenden Mütter, die Sehnsucht nach Liebe und Geborgenheit, nach Frieden und Verständigung, die Freude an Sinnlichkeit u.a. Alle diese Erfahrungen gehören zum Fest der Weihnacht. Am Ende wird über diese Themen gesprochen.

6. ROLLENSPIEL

Danach erzählt ein Teilnehmer oder der Leiter (die Leiterin) eine Geschichte von einer Geburt, die mit Weihnachten zu tun hat. Alle sprechen über diese Geschichte. Dann verteilen sie die Rollen und beginnen, die Begebenheit nachzuspielen. Es kann ein sehr modernes Weihnachtsspiel werden. Alle achten auf ihre erlebten Gefühle bei diesem Spiel; am Ende sprechen sie über ihre Erfahrungen und den Sinn des Festes.

7. RITUAL

Das Ritual drückt die Freude am Leben, an der Sinnlichkeit und der Liebe aus. Die Feiernden bilden kleine Kreise. Einer geht in die Mitte und setzt sich zu Boden. Alle berühren ihn mit den Händen, sie übertragen ihm Zuwendung und Zärtlichkeit. So darf einer nach dem anderen in diesen „Kreis der Zuwendung" treten.

Das Ritual soll jedem Geborgenheit vermitteln. Zuletzt erfolgt ein Ritual der Salbung: Der Leiter (Die Leiterin) salbt jeden Einzelnen an der Stirn mit gesegnetem Öl, um in ihm die Kraft der Menschwerdung zu bestärken.

8. GEBETE

Gütiger Gott, du bist uns Vater und Mutter. Maria ist für uns eine göttliche Mutter, denn sie hat einen göttlichen Sohn geboren. Unter uns sind es immer die Frauen, die mehr an Liebe und Zuwendung in unsere Welt bringen. Dein göttlicher Sohn befreit uns aus den Zwängen des Hasses und des Tötens. Wir danken dir für das Werk der Erlösung, das mit Weihnachten beginnt. Wir loben dich, jetzt und allezeit. Amen.

Fürbitten
Du ewiger Gott, dein göttlicher Sohn ist in die Welt gekommen, um uns Menschen aus der Macht des Bösen zu befreien. Höre unsere Bitten:
- *Schenke uns die Ehrfurcht vor den Geheimnissen des Lebens und der Geburt und lass uns in der Liebe wachsen.*
  A.: Wir bitten dich, erhöre uns.
- *Zeige uns die Geheimnisse unserer schrittweisen Menschwerdung, damit wir den Hass, den Neid und die Lüge loslassen.*
  A.: Wir bitten dich, erhöre uns.

– *Stehe allen Frauen und Müttern bei, damit sie den Mut finden,*
Kinder zu empfangen, zu gebären und großzuziehen.
   A.: Wir bitten dich, erhöre uns.

– *Lass die Männer begreifen, was Erlösung vom Bösen bedeutet,*
und gib ihnen mehr Ehrfurcht vor dem Leben.
   A.: Wir bitten dich, erhöre uns.

– *Schenke uns in dieser Weihnachtszeit die Freude an der Sinn-*
lichkeit und lass uns in der Liebe reifer werden.
   A.: Wir bitten dich, erhöre uns.

Gott, du liebender Vater, du gütige Mutter. Du hast uns allen die
Fähigkeit der Liebe geschenkt. Du heilst viele Verletzungen, die
wir im Leben erleiden. Wir loben dich und wir danken dir, jetzt
und allezeit. Amen.

9. LIEDER

Nun werden Lieder der Weihnacht gesungen und gehört. Das
können alte Volkslieder sein, die unsere Sehnsucht nach Zärtlichkeit
und Geborgenheit ausdrücken; aber auch moderne Lieder oder selbst
verfasste Liedtexte. Es geht darum, dass wir uns in diesen Liedern
selbst finden und aussagen können.

10. TANZ

Auf das Singen folgt der Tanz, es ertönt fröhliche Musik. Alle
beginnen, sich zur Musik zu bewegen, so gut sie können. Sie geben sich
der Musik hin und drücken darin ihre Gefühle aus: der Freude und der
Dankbarkeit, der Hingabe und der Zärtlichkeit, aber auch des Schmerzes und der Sehnsucht. Immer sehnen wir uns nach Liebe und Geborgenheit; zu Weihnachten drücken wir dies besonders deutlich aus.

11. MAHL

Nach einer Pause setzen sich alle zu den geschmückten Tischen
und feiern ein kleines Mahl. Der Leiter (Die Leiterin) spricht ein
Gebet des Segens:

Guter Gott, du bist das ewige Licht und machst unser Leben hell. Segne unser Mahl und unsere Gemeinschaft und lass uns in der Liebe wachsen. Wir loben dich, jetzt und allezeit. Amen. Dann sprechen alle von ihrem Erleben der Weihnacht, von ihren Wünschen und Bedürfnissen.

12. VERABSCHIEDUNG

Nach dem Mahl verabschieden sich alle. Sie sagen sich gegenseitig ihre guten Wünsche und sprechen über den Zeitpunkt des nächsten Gottesdienstes.

3. FASCHING / KARNEVAL

Im Winter feiern wir eine ausgelassene Festzeit: Fasching oder Karneval. Dieses Fest geht auf alte Riten der Fruchtbarkeit in den alteuropäischen Kulturen zurück. Die Menschen freuen sich ihres Lebens und der Sinnlichkeit, sie treten aus dem Alltäglichen heraus und vertauschen die Rollen. Zum einen treiben sie die Winterdämonen fort, zum andern wollen sie die Kräfte des Lebens wecken. Deswegen tragen die Feiernden oft Masken von Tieren und ziehen durch Straßen und Gassen.

Es ist eine Zeit der Lebensfreude, die Feiernden tanzen ausgelassen. Sie können über sich selbst und die Mitmenschen herzlich lachen. So halten sich die Narren die Spiegel vor das Gesicht, das Leben wird relativiert; die strengen Regeln des Alltags sind außer Kraft gesetzt. Es ist sinnvoll, auch zu dieser Zeit einen Gottesdienst zu feiern.

1. BEGRÜSSUNG

Die Leiterin (Der Leiter) begrüßt die Teilnehmer; sie (er) erklärt die Symbole, die Bilder, die Lesungen und den Ablauf der Feier.

2. LESUNGEN

a) Dein Antlitz, deine Art, dein Duft sind schön wie der Landschaft Prangen. Ein Lächeln spielt auf deinen Wangen, so wie ein Wind in blauer Luft. Ergibst du flüchtig dich dem Schmerz, so heilt die frische Kraft ihn bald. Sie ist von strahlender Gestalt, wie deine Schultern, deine Arme. Ein farbiger Zusammenhang ist deiner Kleider helles Schimmern, die vor dem Dichterauge flimmern, wie holder Blütenüberschwang. (Charles Baudelaire, Der allzu Frohen)

b) *Alles hat seine Stunde, für jedes Geschehen unter dem Himmel gibt es seine Zeit. Es ist eine Zeit zum Gebären und zum Sterben, zum Pflanzen und zum Ernten, zum Weinen und zum Tanzen; eine Zeit der Umarmung und der Trennung, des Redens und des Schweigens, der Liebe und des Hasses, des Streites und des Friedens. (Buch Kohelet 3,1–8)*

3. MEDITATION

Nun lassen alle diese Texte auf sich wirken. Sie denken darüber nach und beziehen sie auf ihr Leben. Dann sprechen sie darüber, wie sie den Karneval erleben; über ihre Freude an Sinnlichkeit und Ausgelassenheit, an Lust und Berauschung.

4. BILDMEDITATION

Danach werden Bilder aufgestellt, die den Überschwang und das Narrenhafte darstellen. Alle betrachten diese Bilder und lassen sie auf sich wirken. Sie sprechen über ihre Erfahrungen im Karneval; über die Heiterkeit und das Lachen, über Chaos und Verrücktheit.

5. PANTOMIME

Jetzt tanzt eine Gruppe eine Pantomime zum Karneval: Die Tänzer tragen Masken von Harlekins: In ihren Bewegungen und Gesten drücken sie das Heitere und Ungestüme aus, das Ungeordnete mitten in der Ordnung; die großen und die kleinen Missgeschicke des Lebens, die Pannen im Alltäglichen, das Lachen über sich selbst. Danach sprechen alle über diesen Tanz.

6. ROLLENSPIEL

Als Rollenspiel kann eine vereinfachte „Büttenrede" gehalten werden. Die Rede macht sich über das alltägliche Leben lustig, sie hält uns den Spiegel vor das Gesicht. Damit verleitet sie uns zum Lachen, auch wenn das Leben ernst ist. Wir spüren die Lebendigkeit in der Gemeinschaft. Es können auch zwei Harlekins auftreten. Das Spiel kann auch in der Form eines Puppentheaters gespielt werden. Zum Schluss sprechen alle über dieses Spiel.

7. RITUAL

Auch das Ritual soll uns zur Heiterkeit und zum Erleben der Gemeinschaft anregen. Die Feiernden tanzen in Gruppen oder in Paaren. Dann halten sie inne; sie legen sich gegenseitig die Hände auf die Schultern und sagen einander gute Wünsche. Sie umarmen sich und spüren ihre Nähe.

8. GEBETE

Gütiger Gott, du hast uns die Freude des Lebens geschenkt. Wir alle haben die Fähigkeit, zu weinen und zu lachen, zu trauern und zu tanzen. Jetzt ist eine Zeit zum Lachen und zum Übermut, denn bei dir fühlen wir uns geborgen. Es ist wunderbar, zu leben und die Sinnlichkeit zu genießen. Du bist ein liebender Gott und willst unsere Lebendigkeit. Wir loben dich, jetzt und allezeit. Amen.

Fürbitten
Du ewiger Gott, du bist der Urheber unserer Freude und des Tanzes. Von dir kommen die Freuden des Alltags und das Glück des Daseins. Höre unsere Bitten:
– Sei du mitten unter uns, wenn wir tanzen und lachen und unsere Sorgen vergessen.
A.: Du Freund des Lebens, erhöre uns.
– Schenke du uns die Freude und die Heiterkeit, damit wir den Ernst des Alltags besser ertragen können.
A.: Du Freund des Lebens, erhöre uns.
– Lehre uns die Kunst, dass wir über uns selber lachen und uns nicht über die Mitmenschen erheben.
A.: Du Freund des Lebens, erhöre uns.

– *Schenke uns die Berauschung der Seele und des Herzens, damit wir als begeisterte Menschen zu leben verstehen.*
A.: *Du Freund des Lebens, erhöre uns.*
– *Stehe auch denen bei, denen in dieser Zeit nicht zum Lachen zumute ist, weil sie Schweres zu tragen haben.*
A.: *Du Freund des Lebens, erhöre uns.*
Denn du bist ein tanzender und liebender Gott; wir Menschen sind deine Abbilder. Du verwandelst unser Leben und hebst uns empor zu deinem göttlichen Licht. Wir loben dich und wir danken dir, jetzt und allezeit. Amen.

9. LIEDER

Es werden Lieder gesungen, die Lebensfreude und Heiterkeit ausdrücken. Das können herkömmliche oder neue Lieder sein; sie können auch für den Gottesdienst verfasst und komponiert werden.

10. TANZ

Das Singen geht in den Tanz über. Alle bewegen sich frei zur Musik und lassen sich von ihren Gefühlen tragen. Sie tanzen sich ihre Sorgen und Tränen, vor allem ihre Fröhlichkeit und den Übermut aus dem Leib und der Seele. Der Tanz enthält wilde und sanfte Elemente, wie das Leben selbst. Danach ruhen sich alle kurz aus.

11. MAHL

Nun setzen sich alle um die geschmückten Tische und erfreuen sich an Essen und Trinken. Sie sprechen über ihr Erleben des Karnevals. Die Leiterin (Der Leiter) spricht ein Gebet des Segens:
Gütiger Gott, du bist ein Freund der Tanzenden und der Liebenden. Segne unser Mahl und unsere Gemeinschaft und schenke uns die tiefe Kraft der Begeisterung. Darum bitten wir dich, jetzt und allezeit. Amen.

12. VERABSCHIEDUNG

Nach dem Mahl verabschieden sich alle, sie sagen einander ihre guten Wünsche und versprechen Zusammenarbeit und Solidarität.

4. FASTENZEIT

Die Fastenzeit ist eine Vorbereitung auf das Osterfest, eine Zeit der Besinnung und der inneren Läuterung. Heute sehen viele das Fasten unter dem Aspekt der Gesundheit für den Körper und die Seele. Es ist in der Zeit des ausgehenden Winters und des beginnenden Frühlings durchaus sinnvoll, an eine Reinigung und Entschlackung des Körpers zu denken, an die Reduktion des Körpergewichts und das Üben des Verzichtens. Doch es geht dabei immer auch um eine innere Neuorientierung des Lebens, um die Umkehr und Abkehr von Fehlern und die Reinigung des Gewissens.

In einem Gottesdienst soll daher über das eigene Leben nachgedacht werden: Wer bin ich und wo stehe ich jetzt? Was liegt nun vor mir und was möchte ich erreichen? Wo liegen die Fehler und Defizite meines Lebens? Was muss ich in meinem Leben verändern? Und welche Fehler muss ich wieder gutmachen? Daher bedeutet die Fastenzeit immer eine innere Neuorientierung des Lebens.

1. BEGRÜSSUNG

Der Leiter (Die Leiterin) begrüßt die Feiernden. Er (Sie) erklärt den Sinn des Gottesdienstes und spricht über die Lesungen, die Bilder und Symbole.

2. LESUNGEN

a) *Alle Sünden sind sich ähnlich, es gibt nur eine einzige Sünde. Die Welt der Gnade steht der Welt der Sünde gegenüber. Es gibt eine Gemeinschaft der Heiligen und der Sünder. Im Hass, den die Sünder einander entgegenbringen, in der gegenseitigen Verachtung, umschlingen und schließen sie sich zusammen. Sie gehen ineinander auf. Aber eines Tages werden sie in den Augen des Ewigen nur mehr ein See von Schlamm sein. Über ihn flutet die Welle der göttlichen Liebe hinweg. (Georges Bernanos, Tagebuch eines Landpfarrers)*

b) *Wer darf Gast sein im Haus Gottes? Wer darf sich seinem heili-*

*gen Berg nahen? Wer ein reines Herz hat und das Rechte tut;
wer die Wahrheit sagt und mit seiner Zunge keinen verleumdet;
wer seinem Freund nichts Böses antut und den Nächsten nicht
schmäht; wer auch die Niedrigen achtet und Gott fürchtet; wer
sein Versprechen einhält und seine Schwüre nicht abändert; wer
den Armen hilft und keine Bestechung annimmt. Wer so durch
das Leben geht, dessen Fuß wird nicht wanken. (Psalm 15,1–5)*

3. MEDITATION

Alle lassen diese Texte auf sich wirken und beziehen sie auf ihr
Leben. Sie denken darüber nach, wo die Defizite und Fehler ihres
Lebens liegen, wo sie ihr Verhalten ändern müssen und wollen. Dann
sprechen sie über die Erfahrung von Schuld und Vergebung.

4. BILDMEDITATION

Danach werden Bilder aufgestellt, die etwas über das Fasten und
die Umkehr von der Sünde sagen. Das können Bilder der Kunst, Fotos
oder selbst gemalte Bilder sein. Alle schauen auf die Bilder und lassen
sie auf sich wirken. Dann sprechen sie darüber, wie sie Schuld erleben
und was für sie Umkehr bedeutet.

5. PANTOMIME

Eine Gruppe tanzt nun eine Pantomime zum Thema Umkehr
und Fasten. Die Tänzer stellen durch ihre Bewegungen und Gesten
zuerst das üppige Leben dar: das Übermaß an Essen und Trinken, die
Gesellschaft der eleganten Lügen und der starken Ellenbogen.

Dann versuchen sie, die innere Umkehr darzustellen: die Abwen-
dung von der Lüge, die Ehrlichkeit in den Beziehungen, das Mitgefühl
mit den Schwächeren. Alle lassen diesen Tanz auf sich wirken, dann
sprechen sie von ihren Erfahrungen.

6. ROLLENSPIEL

Nun erzählt einer eine Geschichte aus seinem Leben, in der er
die Umkehr von Schuld erfahren bzw. miterlebt hat. Alle sprechen über

diese Geschichte. Dann werden die Rollen verteilt, und die Geschichte wird nachgespielt. Dabei achten alle auf ihre Gefühle, sie sprechen über das Erlebte.

7. RITUAL

Der Leiter (Die Leiterin) erläutert das Ritual. Die Teilnehmer bilden Paare, die auf symbolische Weise die Aggression darstellen. Sie stehen sich feindselig gegenüber. Doch dann halten sie inne, besinnen sich und zeigen die Bereitschaft zur Versöhnung an. Sie verneigen sich voreinander; dann gehen sie aufeinander zu und umarmen sich.

Danach bilden alle einen Kreis: Im Kreis bewegen sich einige, die symbolisch aufeinander einschlagen. Ihnen stellen sich andere in den Weg, die sie an ihrer Aggression hindern. Auf diese Weise erleben sie die Abkehr vom Hass. Zum Schluss salbt der Leiter (die Leiterin) alle Teilnehmer mit gesegnetem Öl an der Stirn und vermittelt ihnen die Kraft zur Versöhnung.

8. GEBETE

Du ewiger Gott, du hast die Welt mit Weisheit erschaffen, du ordnest unser Zusammenleben. Wir können mit unseren Gefühlen und der kritischen Vernunft sehr genau erkennen, wie wir leben müssen, damit unser Zusammenleben gelingt. Aber wir wehren uns gegen diese Einsicht und hassen einander. Doch gib du uns die innere Kraft zur Umkehr von bösen Taten. Darum bitten wir dich, jetzt und allezeit. Amen.

Fürbitten
Du ewiger und heiliger Gott, du willst nicht, dass wir lügen und einander hassen. Du willst, dass wir die Liebe verwirklichen. Höre unsere Bitten:
– *Lass uns erkennen, was wir den Mitmenschen antun, wenn wir sie abwerten, belügen oder verleumden.*
   A.: Herr, Gott, erhöre uns.

– *Leiste du denen Widerstand, die ihre Mitmenschen hassen, verfolgen und zerstören wollen.*
  A.: Herr, Gott, erhöre uns.
– *Gib uns die innere Kraft, dass wir unsere Fehler im Leben erkennen und von unseren bösen Taten umkehren können.*
  A.: Herr, Gott, erhöre uns.
– *Gib uns den Mut und die Kraft, den Übeltätern Widerstand zu leisten und sie zur Umkehr vom Bösen zu zwingen.*
  A.: Herr, Gott, erhöre uns.
– *Tröste alle Menschen, die von selbst ernannten Herrenmenschen abgewertet, verletzt und verfolgt werden.*
  A.: Herr, Gott, erhöre uns.
– *Zeige uns in dieser Fastenzeit die Mängel unseres Lebens und lass uns den neuen Weg der Versöhnung gehen.*
  A.: Herr, Gott, erhöre uns.
  Denn du willst von uns, dass wir in jeder Situation der Wahrheit folgen. Du hast in jeden von uns die Fähigkeit der Liebe gesenkt. Dafür danken wir dir und wir loben dich, jetzt und allezeit. Amen.

9. LIEDER

Nun werden Lieder gesungen, die innere Umkehr zum Thema haben. Das können herkömmliche Fastenlieder sein, aber auch neue und selbst verfasste Texte. Wichtig ist, dass wir in unserem Singen unsere innere Befindlichkeit darzustellen vermögen.

10. TANZ

Dann beginnt verhaltene und traurige Musik zu spielen. Die Feiernden beginnen, zu dieser Musik zu tanzen. Sie spüren die Trauer über ihr Fehlverhalten und den Schmerz der Verletzten. Dies drücken sie in ihren Bewegungen aus.

Dann wird die Musik heller, denn sie drückt nun die Freude der Umkehr und der Versöhnung aus. Es ist die Sehnsucht nach Frieden und nach Geborgenheit, die uns bewegt.

11. MAHL

Nach einer kurzen Pause setzen sich alle um die Tische und feiern ein kleines Mahl. Sie sprechen über ihre Erfahrungen der Umkehr und des Fastens. Der Leiter (Die Leiterin) spricht ein Segensgebet: *Gütiger Gott, du rufst uns zur Umkehr vom Bösen. Segne unser Mahl und unsere Gemeinschaft und lass uns in deiner Liebe wachsen. Darum bitten wir dich, jetzt und allezeit. Amen.*

12. VERABSCHIEDUNG

Zuletzt verabschieden sich alle, sie sagen einander ihre guten Wünsche. Und sie sprechen über den Zeitpunkt des nächsten Gottesdienstes.

5. OSTERZEIT

Ostern ist in der Religion das Fest der Auferstehung, des inneren Neuwerdens und des gelingenden Lebens. Nach dem christlichen Glauben ist Jesus vom Tod erstanden. Er hat uns gezeigt, dass kein Mensch in den Fesseln des Bösen, des Hasses und der Lüge verbleiben muss. Vielmehr ist jeder Mensch von Gott befähigt, zu einem neuen Leben aufzustehen und in Spuren die Liebe zu leben. Mit der Auferstehung Jesu hat eine neue Schöpfung begonnen. Nun sind alle Menschen geladen, als Geschwister, als Söhne und Töchter Gottes zu leben.

Nun ist Ostern auch das Fest des Frühlings: Der Winter ist zu Ende, in der Natur beginnt das Blühen. Jedes Jahr feiern wir dieses Fest der Natur und beziehen es auf unser Leben. Auch wir können und wollen von der Sünde aufstehen, wir wollen die Liebe neu verwirklichen. Daher legen wir die Schwere des Hasses, des Neides und der Lüge von uns ab. Die Erlösung vom Bösen ist möglich geworden. Dieses Geheimnis der Verwandlung feiern wir zu Ostern.

1. BEGRÜSSUNG

Die Leiterin (Der Leiter) begrüßt alle Teilnehmer an diesem österlichen Gottesdienst. Sie (Er) erklärt die Symbole, die auf das neue Leben hindeuten. Sie (Er) spricht über die Lesungen und den Ablauf der Feier.

2. LESUNGEN

a) *Dies ist das Halleluja der Paradiese: Alles fängt von neuem an, im Licht und in der Verklärung. Seht ihr nicht, dass alles rein und weiß geworden ist, dass alles Licht verdichtet ist, wie ein Hauch sich in Raureif verwandelt? Alles zeichnet sich ab im geistigen Lichte. Ihr seht die Gestalten, die sich im Paradies vergnügen, bevor sie in das Paradies der Liebe aufsteigen? In uns ist die Sehnsucht nach dem eigenen Vater, von dem wir die Berufung empfingen, ganz Menschen zu werden. (Paul Claudel, Kristof Kolumbus)*

b) *Da sprach der Engel zu den Frauen: Fürchtet euch nicht. Ich weiß, ihr sucht den Gekreuzigten, Jesus. Er ist nicht mehr hier, er ist auferstanden, wie er es gesagt hat. Kommt und seht die Stelle, wo er gelegen ist. Geht schnell zu den Jüngern und sagt ihnen, dass er auferstanden ist. Er geht ihnen nach Galiläa voraus, dort werden sie ihn sehen. (Matthäus 28,5–7)*

c) *Ihr seid mit Christus auferweckt. Darum strebt nach dem, was im Himmel ist und wo Christus ist. Richtet euren Sinn auf das Himmlische, nicht auf das Irdische. Denn ihr seid dem Bösen abgestorben, euer neues Leben ist mit Christus in Gott verborgen ... Deswegen tötet alles Böse in euch ab: die Lüge, den Zorn und die Bosheit. Zieht die neuen Kleider an: des Erbarmens und der Liebe, der Geduld, der Milde und der Demut. Ertragt einander und vergebt euch eure Fehler. Vor allem, liebt einander, dann ist der Friede Christi mit euch. (Kolosserbrief 3,1–15)*

3. MEDITATION

Nun denken alle über diese Texte nach und lassen sie auf sich wirken. Dann sprechen sie über ihre Erfahrungen, was Ostern für sie bedeutet, worin das innere Neuwerden besteht, was Auferstehung für uns heute sein kann.

4. BILDMEDITATION

Dann werden Osterbilder aufgestellt, die den auferstandenen Christus zeigen; das können Bilder aus der Kunst sein oder selbst gemalte Bilder. Es können auch andere Zeichnungen sein, die das Geheimnis von Ostern ausdrücken wollen. Alle sprechen über diese Bilder und ihr persönliches Erleben: Was bedeutet Ostern für mich? Wie stelle ich es an, um ein österlicher Mensch zu werden?

5. PANTOMIME

Nun tanzt eine Gruppe eine Pantomime zum Thema der Auferstehung. Die Tänzer drücken zuerst in ihren Bewegungen und Gesten die Niedergedrücktheit des Lebens aus, die Beschwernis des Bösen und des Todes. Doch dann erleben sie die innere Verwandlung, sie werfen die alten Lasten ab. Nun schauen sie zum Himmel auf, sie erleben das göttliche Licht. Sie erheben sich und tanzen im Überschwang. Darin drücken sie die göttliche Gnadenkraft aus, die sie spüren. Alle leben mit diesem Tanz mit, dann sprechen sie darüber.

6. ROLLENSPIEL

Jetzt erzählt einer der Teilnehmer eine österliche Geschichte, in der ein Mensch vom Bösen umkehrt und sich innerlich neu orientiert. Alle sprechen über diese Geschichte, in der Auferstehung erlebt wurde. Dann werden die Rollen verteilt, und die Begebenheit wird nachgespielt. Alle achten auf ihre Gefühle und sprechen dann über ihr Erleben.

7. RITUAL

Die Leiterin (Der Leiter) erklärt das österliche Ritual: Zuerst wird der Raum verdunkelt. Alle erleben bewusst die Dunkelheit der Sinnleere, des Hasses und des Bösen in der Welt.

Dann entzündet die Leiterin (der Leiter) eine Kerze. Nun kommt langsam Licht in den Raum. An dieser einen Kerze entzünden nun alle ihre Kerzen, Licht strahlt in den Gesichtern. Dann beginnen alle zu singen und österliche Melodien zu summen, ganz ohne Text. Sie stellen ihre Kerzen auf einen Tisch oder Leuchter. Danach beginnen sie fröhlich zu tanzen, denn sie fühlen sich als österliche Menschen. Nach einiger Zeit stellen sich alle in einem Kreis auf. Nun salbt die Leiterin (der Leiter) jeden Einzelnen an der Stirn mit gesegnetem Öl, sie (er) sagt ihm österliche Wünsche. Dann umarmen sich alle.

8. GEBETE

Du ewiger Gott und Schöpfer alles Lebens. Du hast deinen Sohn Jesus aus dem Tod zum Leben erweckt. Schenke auch uns deine göttliche Lebenskraft in dieser österlichen Zeit und lass uns aus dem Tod der Sünde zum Leben in versöhnter Gemeinschaft auferstehen. Wir loben und preisen dich, jetzt und allezeit. Amen.

Fürbitten

Du heiliger und starker Gott, von dir kommt alles Leben. Du hast uns in deiner Gnade erneuert und uns zur Liebe befähigt. Höre unsere Bitten:

– *Lass uns auf deinen Sohn Jesus Christus schauen, der vom Tod der Sünde zum Leben der Liebe auferstanden ist.*
  A.: Du Herr des Lebens, erhöre uns.

– *Gib uns die innere Kraft, die alten Kleider der Lüge und des Hasses abzulegen und die neuen Kleider der Versöhnung anzuziehen.*
  A.: Du Herr des Lebens, erhöre uns.

– *Lass uns deinem göttlichen Sohn Jesus Christus nachfolgen, damit unser Leben von innen her licht und hell wird.*
  A.: Du Herr des Lebens, erhöre uns.

– *Stehe allen denjenigen zur Seite, die darum ringen, alte Feindschaft abzubauen und als österliche Menschen zu leben.*
  A.: Du Herr des Lebens, erhöre uns.

– *Lass uns fröhlich sein und dir danken, denn du hast unser Leben verwandelt und uns reiche Gnade geschenkt.*
  A.: Du Herr des Lebens, erhöre uns.

– *Lass uns als österliche Menschen leben, indem wir einander die Lasten abnehmen und das Böse nicht mehr rächen.*
A.: Du Herr des Lebens, erhöre uns.
Denn du ewiger Gott des Lebens, du liebst alle Menschen an jedem Ort und zu jeder Zeit. Wir müssen nicht hassen, wenn wir nicht wollen. Wir sind zur Liebe fähig. Dafür danken wir dir und wir loben dich, jetzt und allezeit. Amen.

9. Lieder

Jetzt werden österliche Lieder gesungen, und es wird fröhliche Musik gespielt. Das können herkömmliche Lieder sein, aber auch moderne und selbst verfasste Texte. Wichtig ist, dass wir unser inneres Neuwerden darin ausdrücken können.

10. Tanz

Danach beginnen alle, zu freudiger Musik zu tanzen. Es ist ein österlicher Tanz, dem sie sich hingeben. Die Tanzenden spüren die neuen Kräfte des Lebens, der Liebe und der Gnade, auch ihre Kräfte der Sinnlichkeit. Sie lassen sich von den Melodien tragen und drücken österliche Lebensfreude aus. Danach folgt eine kurze Ruhepause.

11. Mahl

Zuletzt setzen sich alle um die Tische und feiern ein österliches Mahl. Sie sprechen über ihre Erfahrungen und Erlebnisse und tauschen österliche Gedanken aus. Die Leiterin (Der Leiter) spricht ein Gebet des Segens:
Ewiger Gott, du Anfang allen Lebens, dein göttlicher Sohn ist aus dem Tod zum Leben erstanden. Er hat die Sünden der Menschen verwandelt. Segne unser Mahl und unsere Gemeinschaft und lass uns immer mehr österliche Menschen werden. Wir loben dich, jetzt und allezeit. Amen.

12. Verabschiedung

Dann verabschieden sich alle von diesem österlichen Fest. Sie versprechen einander ein mitfühlendes Handeln und Begleitung im Alltag.

6. PFINGSTZEIT

Pfingsten ist ein Fest des frühen Sommers, es hatte einmal mit den ersten Ernten zu tun. In der christlichen Kultur ist es ein Fest des göttlichen Schöpfungsgeistes geworden. Dieser Geist wirkt im Kosmos und unter uns Menschen. Er lässt Altes vergehen und schafft ständig Neues. Die Urkraft des Lebens überströmt uns Menschen und wandelt uns von innen her. Sie treibt uns an, den Hass und die Lüge loszulassen und die Liebe zu wagen.

So ist Pfingsten ein Fest der göttlichen Liebeskraft, die wie ein Sturm in unser Leben hereinbricht. Sie entfacht in uns ein inneres Feuer und lässt unsere Herzen brennen. Die Früchte des göttlichen Geistes in unserem Leben sind: Güte und Wohlwollen, Friede und Versöhnung, Liebe und Hingabe. Wenn wir als geisterfüllte Menschen leben, verändern wir unsere soziale Welt. Wir entkommen der Sinnleere und der Banalität. Es ist tröstlich, pfingstlich leben zu dürfen.

1. BEGRÜSSUNG

Der Leiter (Die Leiterin) begrüßt die Feiernden und erklärt den Sinn des Festes, die Lesungen, die Bilder und den Ablauf der Feier.

2. LESUNGEN

a) *Ich glaube, dass ich nicht umsonst auf diese Welt kam und dass in mir etwas Notwendiges ist. Ich kam, um die Erde auszuweiten ... Verlass mich nicht, göttlicher Adler, nimm mich noch einen Augenblick in deine Fänge. Zieh mich empor, nur solange, bis man eins zählt. Lass mich das vollendete Rund unseres Daseins schauen ... Alles, was uns das Flüstern der Quellen und Blätter in unserer Jugend versprach, wird in einer vollkommenen Weise verwirklicht, in der sich die Fülle der Sehnsucht verwandelt. (Paul Claudel, Rose und Rosenkranz)*

b) *Wie glücklich müsste die Seele sein, bei der sich Tugend und Liebe vereinigen könnten. Zuweilen bin ich im Zweifel, ob es eine andere Tugend gibt als zu lieben. An gewissen Tagen erscheint mir die Tugend als Auflehnung gegen die Liebe. Ich frage mich, ob es das Glück ist, das ich ersehne, oder der Weg zum Glück. Gott, bewahre mich vor dem Glück, das ich zu schnell erreichen kann.* (André Gide, Die rechte Pforte)

c) *Als das Pfingstfest gekommen war, da kam vom Himmel her ein Sturm und erfasste alle im Haus. Und es fielen Feuerzungen auf sie und verteilten sich auf alle. Die Versammelten wurden mit dem Lebensgeist Gottes erfüllt; sie begannen, in fremden Sprachen zu reden. Da sagte Petrus: Jetzt erfüllt sich, was von den Propheten vorausgesagt wurde: Ich werde meinen Geist ausgießen über alles Fleisch, eure Söhne und Töchter werden weissagen.* (Apostelgeschichte 2,1–17)

3. MEDITATION

Jetzt denken alle über diese Texte nach. Sie lassen diese auf sich wirken und beziehen sie auf ihr Leben. Dann sprechen sie über ihre Erfahrungen: Was bedeutet Pfingsten für mich? Wie erlebe ich den göttlichen Schöpfergeist in meinem Leben? Wohin führt mich die tiefe Sehnsucht meines Lebens?

4. BILDMEDITATION

Danach wird ein Bild aufgestellt, das die Geistausgießung am Pfingstfest darstellt. Das können auch selbst gemalte Bilder sein. Alle lassen diese Bilder auf sich wirken und sprechen über ihre Erfahrungen: Was verändert sich mit Pfingsten unter uns Menschen? Wo geht das Pfingstfest heute weiter? Wo geschieht unter uns die Erfahrung des göttlichen Geistes?

5. PANTOMIME

Nun tanzt eine Gruppe eine Pantomime zum Pfingstereignis: Die Tänzer stellen mit ihren Gesten und Bewegungen zuerst die Situation des Eingeschlossenseins dar, der Bedrückung und der Sprachlosigkeit. Doch dann verändert sich die Situation, die Tanzenden spüren göttliche

Lebenskraft. Ihr Herz beginnt zu brennen, sie wollen das Erlebte anderen mitteilen. Sie drücken durch ihren Tanz aus, was sie im Innern an Lebensfreude erleben. Alle lassen diesen Tanz auf sich wirken, dann sprechen sie darüber.

6. ROLLENSPIEL

Danach erzählt einer der Feiernden ein pfingstliches Ereignis aus seinem Leben. Alle sprechen über diese Geschichte. Dann werden die Rollen verteilt, und die Geschichte wird nachgespielt. Dabei achten alle Spieler auf ihr Erleben in ihrer Rolle. Zum Schluss sprechen sie über das Spiel und die erlebte Geschichte.

7. RITUAL

Der Leiter (Die Leiterin) erklärt nun die verwendeten Symbole: Wasser und grüne Zweige. Nun stehen alle im Kreis, in der Mitte ist ein Wasserbecken. Jeder tritt der Reihe nach an das Becken, taucht die Hände in das Wasser und fährt sich über das Gesicht. Dann übergibt ihm der Leiter (die Leiterin) einen grünen Zweig als Zeichen der inneren Lebenskraft. Er (Sie) salbt ihn an der Stirn mit gesegnetem Öl und wünscht ihm göttliche Gnade. Zum Schluss umarmen sich alle und spüren ihre Nähe und Geborgenheit.

8. GEBETE

Du ewiger Gott, du sendest deine Lebenskraft über uns Menschen, du erfüllst unser Herz mit Sehnsucht und Freude. Du schenkst uns deinen göttlichen Geist und zeigst uns die tiefe Weisheit deiner Schöpfung. Du machst uns zu begeisterten Menschen, voller Sehnsucht nach Liebe und Geborgenheit. Du schenkst uns die Gabe der Sprache und der Verständigung mit den Mitmenschen. Wir loben dich und wir danken dir, jetzt und allezeit. Amen.

Fürbitten
Du ewiger und gütiger Gott, du richtest das Niedergedrückte wieder auf, und du weckst das Abgestorbene zu neuem Leben.

Höre unsere Bitten:
- *Gieße deinen göttlichen Geist über unser Leben und mache uns zu liebenden und mitfühlenden Menschen.*
  A.: Wir bitten dich, erhöre uns.
- *Erfülle unsere Herzen mit deiner göttlichen Lebenskraft und lass in uns die Sehnsucht nach der Vollendung wachsen.*
  A.: Wir bitten dich, erhöre uns.
- *Erfülle uns mit deiner göttlichen Lebenskraft, damit wir aus der Sinnleere und Belanglosigkeit des Lebens aufzustehen vermögen.*
  A.: Wir bitten dich, erhöre uns.
- *Mache uns zu geisterfüllten Menschen, die ihr Leben in Niedrigkeit verwandeln und nach der Vollendung streben.*
  A.: Wir bitten dich, erhöre uns.
- *Lass uns alle in der Liebe wachsen, damit unter uns nicht die Hartherzigkeit, der Hass und der Egoismus das letzte Wort haben.*
  A.: Wir bitten dich, erhöre uns.
  Denn du liebst uns Menschen, wir sind deine Abbilder und Geschöpfe. Du begleitest unser Leben, wie schwierig es auch sein mag. Wir loben dich, jetzt und allezeit. Amen.

9. LIEDER

Danach singen alle pfingstliche Lieder, die ausgewählt wurden. Das können herkömmliche Lieder sein oder moderne und selbst getextete Lieder. Es geht darum, dass wir im Singen unsere pfingstlichen Gefühle ausdrücken können.

10. TANZ

Nun geht das Singen in den Tanz über. Es spielt heitere Musik, die Lebensfreude und Dankbarkeit ausdrückt. Alle lassen sich von dieser Musik tragen, sie drücken in ihren Bewegungen ihre erlebten Gefühle aus. Sie tanzen in pfingstlicher Freude, lassen aber auch das Leidvolle ihres Lebens zu. So erleben sich die Tanzenden als eine Gemeinschaft im göttlichen Geist. Danach folgt eine Ruhepause.

11. Mahl

Danach setzen sich alle um die Tische und feiern ein kleines Mahl. Sie sprechen über die Feier und ihr Erleben, auch über ihre Probleme des Alltags. Der Leiter (Die Leiterin) spricht ein Gebet des Segens:

Gütiger Gott, du Spender des Lebens und der Liebe. Schenke uns die Freude und Begeisterung des Lebens, segne unser Mahl und unsere Gemeinschaft. Wir loben dich und danken dir, jetzt und allezeit. Amen.

12. Verabschiedung

Nach dem Mahl verabschieden sich alle, sie sagen einander ihre guten Wünsche. Und sie sprechen über den Zeitpunkt des nächsten Gottesdienstes.

7. FERIENZEIT

Dies ist eine Zeit der Erholung und der Entspannung, zumeist im Sommer. Das bedeutet Urlaub von der Arbeit, Ferien von der Schule, eine Auszeit vom alltäglichen Lebensablauf. Diese besondere Zeit können wir ziemlich frei gestalten. Wir machen eine Reise, wir erholen uns in den Bergen, am Meer oder an einem See. Immer geht es darum, den Stress des Alltags zu vergessen und den inneren Träumen nachzugehen.

Nun ist es sinnvoll, zu Beginn oder am Ende der Ferienzeit einen gemeinsamen Gottesdienst zu feiern; mit Freunden und Verwandten. Wir danken dem göttlichen Schöpfer für die geschenkte Zeit, für die Möglichkeit der Erholung, für die schönen Ereignisse des Lebens. Und wir bitten um Schutz und Segen, um das Erleben der Gemeinschaft.

1. Begrüssung

Die Leiterin (Der Leiter) begrüßt alle Teilnehmer. Sie (Er) erklärt die Lesungen, die Bilder, die Symbole und den Ablauf der Feier. Hier erzählen einige von ihren Urlaubsplänen oder -erlebnissen.

2. Lesungen

a) *Blendend erhob sich ein flüssiger Morgen über dem reinen Meer. Der augenfrische Himmel, von den Wassern unendlich gewaschen, von dieser immer wiederholten Wäsche bis auf sein dünnstes Gewebe abgewetzt, sandte ein zitterndes Licht herab, das jedem Haus, jedem Baum einen spürbaren Umriss, eine staunende Neuheit verleiht. Gewiss ist die Erde am Morgen der Welt in einem solchen Licht entstanden. Im Frühling wohnen in Tipasa die Götter, sie sprechen in der Sonne und im Duft des Wermuts. Ich habe das Licht, in dem ich geboren wurde, nie verleugnen können. (Albert Camus, Hochzeit in Tipasa)*

b) *Du Gott, deine Güte reicht, soweit der Himmel sich ausbreitet. Deine Treue ist überall dort, wo die Wolken ziehen. Deine Gerechtigkeit steht fest wie die Berge, deine Urteile sind tief wie das Meer. Du hilfst den Tieren und den Menschen, deine Güte ist überall. Wir bergen uns im Schatten deiner Flügel, wir laben uns am Reichtum deiner Werke. Du tränkst uns mit dem Strom deiner Wonnen, denn du bist die Quelle des Lebens. Dich schauen wir im Licht der Sonne. Erhalte uns deine Huld und bewahre uns ein redliches Herz. (Psalm 36,6–12)*

3. Meditation

Zuerst lassen alle diese Texte auf sich wirken, sie beziehen diese auf ihr persönliches Leben. Dann sprechen sie über ihre Erfahrungen des Glücks, über Urlaub und Erholung. Sie tauschen ihre Wünsche und Anregungen aus und erleben tiefe Dankbarkeit vor dem göttlichen Schöpfer.

4. Bildmeditation

Danach werden Bilder und Fotos aufgestellt, die Ferien und Urlaub anzeigen. Es können auch selbst gemalte Bilder sein. Alle schauen auf diese Bilder und lassen sie auf sich wirken. Dann sprechen sie miteinander über das Erleben der freien Zeit, des Urlaubs und der Erholung. Sie achten auf die kleinen Dinge, die das Leben schön machen und intensiv werden lassen.

5. Pantomime

Jetzt tanzen einige Tänzer eine Pantomime zum Thema Ferien, Urlaub und Erholung. In ihren Gesten und Bewegungen drücken sie zuerst die Anspannungen des Alltags aus, die Hektik des Lebens und die Sehnsucht nach Erholung; dann das Erleben von Freiheit und Glück, von Licht und Sinnlichkeit. Sie spiegeln in ihren Bewegungen die Freuden des Lebens, das von den Lasten des Alltags frei geworden ist. Es ist die Dankbarkeit vor Gott, der uns die Wunder des Lebens schenkt.

6. Rollenspiel

Danach erzählt ein Teilnehmer eine Geschichte, die er in den Ferien erlebt hat und die ihn tief berührte. Alle sprechen über diese Geschichte. Dann werden die Rollen verteilt, und die Begebenheit wird frei nachgespielt. Dabei achten alle auf ihre Gefühle, die sie beim Spiel erleben. Zum Schluss sprechen sie über das erlebte Spiel.

7. Ritual

Die Leiterin (Der Leiter) erklärt das Ritual, die verwendeten Symbole und die Bilder. Alle stehen im Kreis. Jeder trägt einen kleinen Sack (mit Stoffen oder Holz) am Rücken; er drückt damit die Lasten des Alltags aus. Jeder spürt diesen Sack ganz bewusst; dann trägt er ihn in die Mitte des Kreises und stellt ihn auf den Boden.

Wenn alle ihren Sack abgestellt haben, geht die Leiterin (der Leiter) zu jedem Einzelnen hin und übergibt ihm eine Blume, als Symbol der Freiheit und der Lebendigkeit. Dann salbt sie (er) ihn an der Stirn mit gesegnetem Öl und wünscht ihm gute Ferien. Am Ende umarmen sich alle und sagen einander ihre guten Wünsche.

8. Gebete

Guter Gott, du Schöpfer der Welt und Spender des Lebens. Du hast jeden von uns in seiner Einmaligkeit geschaffen. Du schenkst uns die Arbeit und teilst uns die Aufgaben zu. Von Zeit zu Zeit brauchen wir Entspannung, denn wir plagen uns redlich. Du schenkst uns die freie Zeit der Ferien und des Urlaubs. Wir freuen uns der schönen Dinge des Lebens und der Sinnlichkeit. Wir danken dir für deine wunderbare Welt und loben dich, jetzt und allezeit. Amen.

Fürbitten
Himmlischer Vater, du bist nicht nur ein mitleidender, sondern auch ein tanzender und liebender Gott. Denn du schenkst uns die Freude und das Glück des Daseins. Höre unsere Bitten:
– *Begleite uns in dieser wunderbaren Zeit der Ferien und schenke uns Erholung von den Lasten des Berufs und der Arbeit.*
A.: Erhöre uns, Gott.
– *Schenke allen Menschen genügend freie Zeit, damit sie die ursprünglichen Bedürfnisse ihres Lebens erfahren und befriedigen können.*
A.: Erhöre uns, Gott.
– *Stehe denen zur Seite, die in ihrem Beruf schwer arbeiten müssen und die wenig Chancen der Erholung haben.*
A.: Erhöre uns, Gott.
– *Lass uns dankbar die freie Zeit der Ferien erleben und darin unsere gegenseitige Verantwortung erkennen.*
A.: Erhöre uns, Gott.
– *Stehe auch den Kranken und Leidenden bei, die wenig Möglichkeiten haben, sich an Erholung und Urlaub zu freuen.*
A.: Erhöre uns, Gott.
Denn du schenkst uns die Zeit und das Leben, du begleitest uns mit deiner Gnade jeden Tag. Wir danken dir und wir loben dich, jetzt und allezeit. Amen.

9. LIEDER

Nun werden Lieder gesungen, die Freude an Freizeit, Urlaub und Erholung zum Thema haben. Das können herkömmliche oder selbst gedichtete Lieder sein. In ihnen drücken wir unsere Freude und unsere Dankbarkeit für das Leben aus.

10. TANZ

Das Singen kann in den Tanz übergehen. Nun erklingt heitere Musik, sie lässt uns die Freude des Lebens spüren. Wir lassen uns von den Melodien und den Rhythmen tragen. Im Tanz drücken wir unsere innere Freiheit sowie unsere Sehnsucht nach Glück und dem gelingenden Leben aus. Nach dem Tanz ruhen sich alle kurze Zeit aus.

11. MAHL

Danach setzen sich alle um die Tische und beginnen ein kleines Mahl. Sie sprechen über ihre Erfahrungen und Pläne im Urlaub; sie geben einander Rückmeldung. Die Leiterin (Der Leiter) segnet das Mahl:
Gütiger Gott, du bist uns Mutter und Vater, du schenkst uns die Zeit des Lebens und der Erholung. Segne unser Mahl und die Gemeinschaft und begleite uns auf allen Wegen. Wir loben dich, jetzt und allezeit. Amen.

12. VERABSCHIEDUNG

Nach dem Mahl verabschieden sich alle voneinander. Sie sagen sich ihre guten Wünsche und sprechen über den Termin des nächsten Gottesdienstes.

8. FRÜHLINGSFEST

Der Frühling berührt unser Leben in besonderer Weise, denn er erinnert uns an die Möglichkeit unseres eigenen Blühens. Die kalte und dunkle Jahreszeit geht langsam zu Ende, die Tage werden länger, und wir freuen uns auf die Wärme. Wir schauen auf die Blumen und Bäume, die zu wachsen und zu blühen beginnen. Wir spüren die Lebenskraft in uns selber. In dieser Zeit orientieren wir uns wieder mehr an der Natur und erleben uns in den Farben des Blühens.

Viele erleben tiefe Sehnsucht nach dem gelingenden Leben, denn die Natur ist ein Symbol für ihre Situation. Doch es gibt auch Menschen, die den Frühling voll Trauer erleben, weil sie am Blühen der

Natur nicht mehr teilnehmen können. Es ist gut, wenn wir dem göttlichen Schöpfer danken für die Wunder des blühenden Lebens, für das Licht und die Wärme.

1. Begrüssung

Der Leiter (Die Leiterin) begrüßt die Feiernden und erklärt den Ablauf der Feier, die gelesenen Texte, die Bilder und die Symbole. Er (Sie) spricht über den Inhalt der Feier.

2. Lesungen

a) *Da ich ein Knabe war, rettete ein Gott mich oft vom Geschrei und der Rute der Menschen. Da spielte ich sicher und gut mit den Blumen im Haus, und die Lüftchen des Himmels spielten mit mir. Und wie du das Herz der Pflanzen erfreust, wenn sie entgegen dir die zarten Arme strecken, so hast du mein Herz erfreut, Vater Helios. Und wie Eudymion war ich dein Liebling, heilige Luna. O all ihr treuen und freundlichen Götter, dass ihr wüsstet, wie euch meine Seele geliebt hat. (Friedrich Hölderlin, Friedensfeier)*

b) *Gott, wie wunderbar ist dein Name auf der Erde, über das Himmelszelt breitest du deine Größe aus. Aus dem Mund der Kinder und der Säuglinge wird dir das Lob gesungen, deine Gegner verstummen. Ich sehe den Himmel als das Werk deiner Hände. Ich sehe den Mond und die Sterne, die du geschaffen hast. Doch wie wunderbar ist der Mensch, dass du an ihn denkst und ihn annimmst. Du hast ihn mit Größe und Herrlichkeit ausgestattet. Ihm hast du alles unter die Füße gelegt, er soll das Werk deiner Hände weiterführen. Ich schau auf die Schafe, die Ziegen, die Rinder, die wilden Vögel, die Fische im Meer. O Gott, wie gewaltig ist dein Name auf der weiten Erde. (Psalm 8)*

3. Meditation

Nun lassen alle diese Texte auf sich wirken und denken darüber nach. Sie beziehen diese auf ihr Leben, dann sprechen sie offen über ihre Erfahrungen. Sie sagen, was der Frühling für sie bedeutet, wie sie diese Jahreszeit erleben; das Licht, die Wärme, das Blühen und Wachsen in der Natur und in der Seele.

4. BILDMEDITATION

Danach werden Bilder aufgestellt, die den Frühling symbolisieren. Das können Fotos von Blumen sein, Bilder der Kunst oder selbst gemalte Bilder. Nun schauen alle auf diese Bilder, sie lassen diese auf sich wirken. Dann sprechen sie über ihre Gefühle und Wünsche im Erleben des Frühlings. Sie drücken im Gespräch ihre Dankbarkeit vor dem göttlichen Schöpfer aus.

5. PANTOMIME

Jetzt tanzt eine Gruppe eine Pantomime über den Frühling: Die Tänzer drücken in ihren Bewegungen und Gesten zuerst die Schwere des Winters aus, der langsam abzieht; die Sehnsucht nach Licht und Wärme. Dann zeigen sie das Erleben von Sonne und Wind, das beginnende Wachsen und Blühen an. Sie beginnen zu tanzen und drücken die Freude des Lebens in der Zeit des Frühlings aus. Zum Schluss sprechen alle über diesen Tanz und ihre Erfahrungen.

6. ROLLENSPIEL

Danach erzählt ein Teilnehmer eine Geschichte aus seinem Leben, die mit dem Erleben des Frühlings zu tun hat. Alle sprechen kurz über diese Geschichte. Dann werden die Rollen verteilt, und die Begebenheit wird mit verteilten Rollen nachgespielt. Dabei achten alle auf ihre Gefühle und ihr inneres Erleben. Zum Schluss sprechen sie über dieses Spiel und ihre Erfahrungen.

7. RITUAL

Der Leiter (Die Leiterin) erklärt den Ablauf des Rituals, die Bilder und die Symbole. Die Teilnehmer bilden einen Kreis, in dessen Mitte liegen Blumen und edle Steine. Nun kauern sich alle zu Boden und drücken mit ihrer Körperhaltung die Starre des Winters aus.

Nach einiger Zeit schlägt der Leiter (die Leiterin) den Gong. Nun erwachen alle zum Leben; sie beginnen, sich langsam zu bewegen und zu strecken. Dann richten sie sich langsam auf, sie dehnen sich und atmen tief. Sie spüren das Licht und die Wärme.

Dann übergibt der Leiter (die Leiterin) jedem Einzelnen eine Blume und einen edlen Stein. Er (Sie) salbt jeden Teilnehmer an der Stirn mit gesegnetem Öl und sagt ihm gute Wünsche für die Zeit des Frühlings. Zum Schluss umarmen sich alle und spüren ihre Nähe und Verbundenheit.

8. Gebete

Du Gott des Lebens und des Lichtes, du schenkst uns die Jahreszeiten. Sie hängen vom „Lauf" der Sonne ab, sagen wir. Doch du lenkst den Kosmos und die Gestirne. Du gibst der Erde ihre Bahn, auf der sie die Sonne umkreist. In uns alle legst du die Sehnsucht nach Licht und Wärme, du gibst uns die tiefe Freude am Blühen. So erleben wir die Zeit des Frühlings intensiver als andere, denn auch wir möchten in unserer Seele blühen. Wir loben dich und wir danken dir, jetzt und allezeit. Amen.

Fürbitten

Guter Gott, du schenkst uns das Wachsen, das Blühen und das Reifen. Von dir kommt uns die kosmische Kraft der Liebe zu. Höre unsere Bitten:

- *Lass uns in der Zeit des Frühlings auf die kleinen Dinge in der Natur achten, die sich unter der Sonne verändern.*
  A.: Du Ursprung allen Seins, erhöre uns.
- *Wecke in dieser Zeit des Blühens in uns die Sehnsucht nach der Liebe und der Geborgenheit.*
  A.: Du Ursprung allen Seins, erhöre uns.
- *Gib uns die innere Kraft, dass sich unsere Herzen für das Wachsen auftun, damit unser Leben zu blühen beginnt.*
  A.: Du Ursprung allen Seins, erhöre uns.
- *Stehe allen denen bei, die den Frühling als traurige Zeit erleben, weil ihre Seele verletzt ist.*
  A.: Du Ursprung allen Seins, erhöre uns.

– *Schenke uns allen die Freude an der Sinnlichkeit und Erotik, sie
sind deine wunderbarsten Geschenke an uns Menschen.*
A.: Du Ursprung allen Seins, erhöre uns.
– *Lass uns in dieser Zeit des Frühlings wachsen in der gegenseiti-
gen Zuwendung und Hilfsbereitschaft.*
A.: Du Ursprung allen Seins, erhöre uns.
*Du bist ein Gott des Lebens und des Blühens. Du schickst uns
wohl den Winter und das Leiden, doch dann schenkst du uns die
Sonne und das Wachsen. Wir loben dich, jetzt und allezeit. Amen.*

9. LIEDER

Danach werden die vorbereiteten Lieder gesungen. Das können
herkömmliche oder moderne Lieder sein oder selbst getextete Gesänge.
In ihnen drücken wir unsere Befindlichkeit in der Zeit des Frühlings aus.

10. TANZ

Dann geht das Singen in den Tanz über. Es erklingt heitere
Musik, die das Wachsen und Blühen anzeigt. Alle lassen sich von der
Musik und den Rhythmen tragen, sie drücken in ihren Bewegungen
ihre emotionalen Befindlichkeiten aus: den Schmerz und das Glück, die
Angst und die Freude, die Sehnsucht nach Wachsen und Reifen. Dann
folgt eine kurze Ruhepause.

11. MAHL

Zuletzt setzen sich alle um die geschmückten Tische und feiern
ein Festmahl. Sie sprechen über ihr Erleben, ihre Sehnsüchte und
Erwartungen. Dann spricht der Leiter (die Leiterin) ein Segensgebet:
*Du Gott des Lebens und des Wachsens, du schenkst uns die
Wärme des Frühlings. Segne unser Mahl und unsere Gemeinschaft und
lass uns in der Liebe wachsen. Wir loben dich, jetzt und allezeit. Amen.*

12. VERABSCHIEDUNG

Nach dem Mahl verabschieden sich alle, sie versprechen einander mitfühlende Begleitung im Alltag. Und sie sprechen über den
nächsten Termin des Gottesdienstes.

9. SOMMERFEST

Die Sommerzeit verbinden wir mit Licht, Wärme und Urlaub, auch mit Ernte. Es ist eine Zeit der Lebensfreude, wir sind viel in der freien Natur. Die Tage sind lang, die Nächte kurz; wir erleben unsere Sinnlichkeit. Für viele ist der Sommer das Symbol für das erwachsene Leben.

Es ist sinnvoll, zu dieser Jahreszeit einen Gottesdienst zu feiern, in dem wir dem göttlichen Schöpfer danken. Denn er schenkt uns das Licht und die Wärme, das Reifen der Früchte und die Freuden der Sinnlichkeit. Wir wissen aber, dass wir einmal von dieser Fülle des Lebens werden Abschied nehmen müssen.

1. BEGRÜSSUNG

Die Leiterin (Der Leiter) begrüßt die Feiernden. Sie (Er) erklärt die ausgesuchten Symbole, die Texte für die Meditation, die Bilder und den Ablauf der Feier.

2. LESUNGEN

a) *Mein Fenster ist im Dunkeln aufgetan, und meine Seele ist aufgetan mit ihm. Ich sehe den Sternenkranz der Cherubim und warte auf den Schwan. Der Nachthauch irrt um Lager und Gestühl, und tastet an mein schauerndes Gewand, und streicht mit kaltem Finger meine Hand; mein Fuß ist nackt und kühl. Ich habe nicht den Tag, der eben blich, den Morgen und den Abend nicht erkannt. Ich ging in Zimmern, doch mein Wesen stand und rief die Nacht und dich. (Gertrud Kolmar, Leda)*

b) *Gott, dir gebührt unser Lob auf dem heiligen Berg. Du erhörst unsere Gebete, zu dir kommen wir mit unseren Sünden. Wir wollen satt werden an deinen Tischen, du vollbringst wunderbare Taten. Du hast die Berge fest gegründet, du stillst das Brausen der Meere. Du sorgst für das Land und erfüllst es mit Gütern. Du schenkst uns das Korn und lässt die Wasser fließen;*

du tränkst unsere Felder und behütest unsere Ernten. Mit Güte krönst du das Jahr, wir folgen deinem Überfluss. Auf den Weiden ziehen die Herden, die Täler sind voll mit reifem Korn. Alle jubeln und jauchzen dir zum Lob. (Psalm 65)

3. MEDITATION

Nun lassen alle Teilnehmer diese Texte auf sich wirken; sie denken darüber nach und beziehen sie auf ihr Leben. Dann sprechen sie darüber, wie sie den Sommer erleben. Was ist schön an dieser Jahreszeit? Und was schafft mir Probleme? Wofür bin ich besonders dankbar?

4. BILDMEDITATION

Danach werden Bilder und Fotos aufgestellt, die das Erleben des Sommers ausdrücken. Das können auch selbst gemalte Bilder sein. Alle sprechen darüber, wie sie den Sommer erleben und was er für sie symbolisch bedeutet. Sie erzählen von ihren Wünschen und Sehnsüchten.

5. PANTOMIME

Nun tanzt eine Gruppe eine Pantomime über das Erleben des Sommers: Die Tänzer drücken in ihren Bewegungen und Gesten zum einen das Wachsen und Reifen in der Natur aus. Zum andern stellen sie die Freude der Menschen über die Wärme und das Licht, die Fülle und die Vollendung des Lebens dar. Alle lassen die Pantomime auf sich wirken, dann sprechen sie über ihr Erleben.

6. ROLLENSPIEL

Danach erzählt ein Teilnehmer eine Geschichte aus seinem Leben, die mit dem Sommer zu tun hat und die ihn tief berührt. Alle sprechen über diese Geschichte. Dann werden die Rollen verteilt, und die Geschichte wird gespielt. Alle achten auf ihre Gefühle bei diesem Spiel. Am Ende sprechen sie über ihr Erleben.

7. Ritual

Die Leiterin (Der Leiter) erklärt die Symbole und das Ritual. Dann bilden alle einen Kreis. In der Mitte liegen Blumen, Gräser und Kornähren. Sie (Er) segnet diese Gaben des Sommers, dann verteilt sie (er) diese an alle Teilnehmer. Diese stecken diese Symbole an ihre Kleider oder in das Haar. Danach salbt die Leiterin (der Leiter) jeden Einzelnen mit gesegnetem Öl an der Stirn. Sie (Er) wünscht ihm inneres Wachsen und Reifen. Zum Schluss umarmen sich alle und sagen einander ihre guten Wünsche für den Alltag.

8. Gebete

Du Gott des Lebens, des Lichtes und der Wärme. Im Sommer schenkst du uns reichlich die Früchte der Felder. Wir freuen uns an der Wärme, am Licht der Sonne, am Wasser. Alle guten Gaben des Lebens kommen von dir. Du schenkst uns die Zeit des Lebens zum Wachsen und zum Reifwerden, zur Liebe vor allem. So loben wir dich, jetzt und allezeit. Amen.

Fürbitten
Gütiger Gott, du Spender des Lebens und der Liebe. Du erfüllst uns mit Freude und mit Licht. Höre unsere Bitten:
- *Lass uns mit Staunen auf die Wunder deiner Schöpfung schauen und dir in dieser Zeit Dank sagen.*
  A.: Du Herr des Lebens, erhöre uns.
- *Begleite uns in der Zeit der Ferien und der Erholung, lass uns in der Seele wachsen und reif werden.*
  A.: Du Herr des Lebens, erhöre uns.
- *Schütze in dieser Zeit die Felder und die Obstgärten vor Unwettern und vor Hagelschlag.*
  A.: Du Herr des Lebens, erhöre uns.
- *Halte deine schützenden Hände über uns Menschen, wenn wir uns der Sehnsucht nach Liebe hingeben.*
  A.: Du Herr des Lebens, erhöre uns.

– Stehe allen denen bei, die krank und behindert sind und die Freuden des Sommers nur begrenzt erleben können.
A.: Du Herr des Lebens, erhöre uns.
Denn du liebst alle Menschen, du bist bei den Kleinen und Schwachen. Wir danken dir für alle Freuden des Sommers und des Lebens. Und wir loben dich, jetzt und allezeit. Amen.

9. LIEDER

Nun werden Lieder gesungen, die das Erleben des Sommers zum Ausdruck bringen. Das können Volkslieder, Kunstlieder oder selbst verfasste Lieder sein. In unserem Singen drücken wir die Freude am Leben und die Dankbarkeit vor Gott aus.

10. TANZ

Dann erklingt heitere Musik. Und alle beginnen, zu dieser Musik zu tanzen. Sie lassen sich von den Melodien und vom Rhythmus tragen. Sie erleben ihre sommerlichen Gefühle und drücken sie in ihren Bewegungen aus. Es sind Gefühle der Sehnsucht, der Fülle, des Glücks, des Reifens vor allem.

11. MAHL

Nach einer kurzen Ruhepause setzen sich alle um die geschmückten Tische und feiern ein kleines Mahl. Sie sprechen über ihr Erleben des Sommers. Die Leiterin (Der Leiter) spricht ein Gebet des Segens:
Guter Gott, du schenkst uns die Sehnsucht nach der Fülle und der Vollendung. Segne unser Mahl und unsere Gemeinschaft und lass uns in der Liebe wachsen. Wir loben dich, jetzt und allezeit. Amen.

12. VERABSCHIEDUNG

Nach dem Mahl verabschieden sich alle voneinander. Sie sagen einander ihre guten Wünsche und sprechen über den Termin des nächsten Gottesdienstes.

10. HERBSTFEST

Der Herbst streut seine Früchte über das Land, auch er ist eine Zeit des Reifens und der Ernte. Die Tage werden kürzer, das Wachstum verringert sich. Die Natur hüllt sich in bunte Farben, die Sonne steht tiefer. Wir ernten den Wein und das Obst und feiern Feste des Erntedanks. Unser Herz ist voller Dankbarkeit für die Erfolge des Jahres. Wir danken dem göttlichen Schöpfer für seine Geschenke, mit denen er uns überhäuft hat.

Ältere Menschen sehen im Herbst das Symbol für ihr Lebensalter; sie blicken zurück auf den Sommer des Lebens, ihre Kräfte nehmen ab und ihre Grenzen werden enger. Auch sie danken Gott für die Ernte ihres bisherigen Lebens.

1. BEGRÜSSUNG

Der Leiter (Die Leiterin) begrüßt die Teilnehmer und erklärt den Ablauf der Feier. Er (Sie) spricht über die Lesungen, die Bilder, die Symbole und das Ritual und lädt alle zur Mitfeier ein.

2. LESUNGEN

a) *Ich ziehe meine Einsamkeit um mich. Sie ist so wie ein wärmendes Gewand an mir geworden, ohne Kniff noch Strich; wenn auch der Ärmel fällt tief über meine Hand ... Es tun sich meine inneren Blicke auf; ein Pfauenauge, das die Flügel schließt; und schauen der Welle jadefarbenen Lauf, die alle Säume licht und strömend übergießt ... Und nun ist Schweigen, und das Kleid schwillt an. Ich muss wachsen, dass es mir noch ziemt. (Gertrud Kolmar, Die Einsame)*

b) *Drei Dinge gefallen mir, sie sind vor Gott und den Menschen edel: die Eintracht unter den Geschwistern; die Liebe zwischen den Freunden; das Verstehen zwischen der Frau und dem Mann. Den alten Menschen steht ein weises Urteil zu, denn reich ist ihre Erfahrung. Sie sind langsam im Urteilen, denn sie fürchten Gott. Doch ich verabscheue den törichten Greis, der noch die Ehe bricht. Ich fliehe vor dem Reichen, der den Armen betrügt. Aber ich lobe den Mann, der mit einer klugen Frau verbunden ist. Ich preise den, der seine Zunge im Zaume hält und der keinem Stärkeren dienen muss. Und über den freue ich mich, der gute Freunde um sich hat. Am meisten aber schätze ich den, der seine Weisheit in Gott gefunden hat. (Jesus Sirach 25,1–10)*

3. Meditation

Jetzt lassen alle diese Texte auf sich wirken. Sie denken darüber nach und beziehen sie auf ihr Leben. Dann sprechen sie über ihr Erleben des Herbstes. Sie sagen, was diese Jahreszeit für sie bedeutet, wo sie Ängste und Sorgen erleben, was sie schön finden.

4. Bildmeditation

Danach werden Bilder und Fotos aufgestellt, die den Herbst des Jahres und des Lebens darstellen. Es können Bilder der Kunst sein oder selbst gemalte Bilder. Alle sprechen darüber, wie sie den Herbst erleben und wie sie ihn gestalten wollen.

5. Pantomime

Nun tanzt eine Gruppe eine Pantomime zum Thema: Herbst, Fülle und Ernte. Die Tanzenden drücken in ihren Bewegungen und Gesten das Reifwerden der Früchte, die Tätigkeiten der Ernte, das Speichern der Vorräte aus. Dann stellen sie auf symbolische Weise den Herbst des Lebens dar: das langsame Älterwerden, das Abnehmen der Lebenskraft, die Sorgen und Ängste um die Zukunft. Alle lassen die Pantomime auf sich wirken, dann sprechen sie über ihre Erfahrungen.

6. Rollenspiel

Danach erzählt ein Teilnehmer eine Geschichte aus seinem Leben, die mit der Ernte und dem Herbst des Lebens zu tun hat. Dann sprechen alle ausführlich über diese Geschichte. Es werden die Rollen verteilt, und die Geschichte wird nachgespielt. Alle achten auf ihre Gefühle, die sie beim Spiel erleben. Zum Schluss sprechen sie ausführlich über das Erlebte.

7. RITUAL

Der Leiter (Die Leiterin) erklärt die Symbole und das Ritual. Alle bilden einen großen Kreis, in der Mitte steht ein großer Tisch. Nun bringen die Teilnehmer Früchte zum Tisch: Trauben, Nüsse, Äpfel, Kornähren, Blumen, Geldscheine. Der Leiter (Die Leiterin) segnet diese Erntegaben und dankt dem göttlichen Schöpfer für die Erfolge des Jahres.

Dann tanzen die Feiernden einen Reigen um diese Früchte. Sie geben einander die Hände und fühlen sich auch innerlich miteinander verbunden. Nach einer kurzen Pause salbt der Leiter (die Leiterin) die Einzelnen an der Stirn mit gesegnetem Öl und sagt jedem seine (ihre) guten Wünsche für das Leben und den Alltag.

8. GEBETE

Ewiger Gott, du Lenker der Zeit und des Lebens. Du schenkst uns die Jahreszeiten mit dem Wechsel von Licht und Dunkel, von Wärme und Kälte. Du lässt uns jeden Abschnitt des Lebens bewusst erleben. Wir denken heute an die Ernte unserer Arbeit, an Früchte und Blumen, aber auch an die Ernte unseres Lebens, die uns geschenkt wurde. Wir sagen dir Dank für deine Gaben, für das Schöne und das Leidvolle. Wir loben dich, jetzt und allezeit. Amen.

Fürbitten
Gütiger Gott, du Spender aller guten Gaben. Wir feiern die Ernte an Früchten und unseres Lebens. Höre unsere Bitten:
- *Lass uns dankbar sein für die Früchte unserer Arbeit, für unseren Beruf und das Geld, das wir verdienen.*
  A.: Herr, Gott, erhöre uns.
- *Stehe denen zur Seite, die ohne Arbeit sind und die in diesem Jahr eine schlechte Ernte hatten.*
  A.: Herr, Gott, erhöre uns.

– *Lehre uns, dass wir von unserem Überfluss etwas hergeben und es mit den Armen und Notleidenden teilen können.*
A.: Herr, Gott, erhöre uns.
– *Gehe mit den älteren Menschen, die in den Herbst des Lebens eintreten, schenke ihnen Gesundheit und Lebensfreude.*
A.: Herr, Gott, erhöre uns.
– *Schenke uns allen die Freude am Leben und lass uns miteinander in der Liebe wachsen und reifen.*
A.: Herr, Gott, erhöre uns.
Denn du liebst alle Menschen und schenkst uns die innere Kraft des Lebens. Du gibst unserem Dasein Sinn und Bedeutung, wir können einander Gutes tun. Wir loben dich, jetzt und allezeit. Amen.

9. LIEDER

Nun singen alle die vorbereiteten Lieder, die den Herbst zum Thema haben. Das können Volkslieder sein oder moderne Gesänge oder selbst gedichtete Lieder. Es geht darum, dass wir in unserem Singen unsere seelische Befindlichkeit zum Ausdruck bringen können. Wir danken für unser Leben und den Lauf der Zeit.

10. TANZ

Danach beginnt verhaltene Musik zu spielen. Alle bewegen sich zu dieser Musik. Sie drücken im Tanz ihre Gefühle, aber auch ihre Wünsche und Sehnsüchte aus. So lassen sie sich von den Melodien und den Rhythmen tragen. Danach ruhen sie kurz aus.

11. MAHL

Zuletzt setzen sich alle um die vorbereiteten Tische und beginnen ein kleines Mahl. Dabei sprechen sie über ihre Erfahrungen und freuen sich ihrer Gemeinschaft. Der Leiter (Die Leiterin) spricht ein Gebet des Segens:
Gütiger Gott, du begleitest uns durch die Zeit und das Jahr. Segne unser Mahl und lass unsere Gemeinschaft wachsen und reifen. Lass uns bei dir geborgen sein. Wir loben dich, jetzt und allezeit. Amen.

12. Verabschiedung

Dann verabschieden sich alle voneinander, sie gehen ihre Wege. Sie versprechen einander Mitgefühl und Hilfe, wenn sie benötigt werden.

11. WINTERFEST

Der Winter ist für uns die kalte Zeit des Jahres, die Tage sind kurz und die Nächte lang. Wir sind weniger im Freien und in der Natur, sondern mehr in geheizten Räumen. Für viele ist es die Zeit des Sports im Schnee und auf dem Eis. Doch für ältere Menschen ist der Winter oft bedrohlich, ihre Beweglichkeit ist eingeschränkt. Für viele ist der Winter die Zeit, in der sie sich mehr ihrem inneren Erleben zuwenden.

In diese Jahreszeit fallen Weihnachten, der Jahreswechsel und der Karneval. Besonders um den Jahreswechsel herum ist es sinnvoll, einen Gottesdienst zu feiern. Denn wir danken dabei dem göttlichen Schöpfer für das abgelaufene Jahr, für alles Gute und Schöne, auch für das Leidvolle. Im Winter ruht die Vegetation und bereitet sich auf ein neues Wachsen vor. Genauso können wir unsere Kräfte sammeln für ein inneres Wachstum der Seele.

1. Begrüssung

Die Leiterin (Der Leiter) begrüßt die Teilnehmer. Sie (Er) erklärt den Ablauf der Feier, die ausgesuchten Texte, die Bilder und die Symbole. Und sie (er) lädt alle zur aktiven Mitfeier ein.

2. Lesungen

a) *Es ist so dunkel heut, ich kann kaum in den Abend sehen. Ein Lichtchen loht, verspieltes Himmelchen spielt Abendrot; und weigert sich, in seine Seligkeit zu gehen. So alt wird jedes Jahr die Zeit, und die vorangegangene verwandelte der Tod ... Es ruhen Rand an Rand einträchtig Land und Seen, das Weltall spaltet sich doch nicht. O Gott, wie kann der Mensch verstehen, warum er haltlos vom Menschentum bricht, sich wieder sammeln muss im höheren Geschehen? (Else Lasker-Schüler, Letzter Abend im Jahr)*

b) *Wie der Hirsch nach frischem Wasser lechzt, so dürstet meine Seele, Gott, nach dir. Wann darf ich kommen und dein Angesicht schauen? Tränen waren mein Brot bei Tag und bei Nacht. Viele sagten zu mir: Wo ist denn dein Gott? Meine Seele, was bist du unruhig und betrübt? Harre auf Gott, denn er ist mein Retter. Am Tage schenkt er mir seine Huld, und in der Nacht, da singe ich vor ihm. Auch wenn mich Feinde und Gegner bedrängen, so warte ich auf Gott. Denn er ist mein Retter, ihm werde ich danken. (Psalm 42)*

3. MEDITATION

Jetzt lassen alle diese Texte auf sich wirken, sie denken darüber nach. Sie beziehen das Gehörte auf ihr Leben. Dann sprechen sie über ihre Erfahrungen: Was bedeutet der Winter für mich? Was ist für mich der Winter des Lebens? Wie erlebe ich das Jahresende und den Jahresbeginn? Hat der Winter Symbolkraft für mein Leben?

4. BILDMEDITATION

Danach werden Bilder und Fotos aufgestellt, die den Winter darstellen. Das können Bilder aus der Kunst, aber auch selbst gemalte Bilder sein. Alle betrachten diese Bilder und lassen sie auf sich wirken. Dann sprechen sie über ihre Erfahrungen: Wie erlebe ich den Winter? Was ängstigt mich in dieser Jahreszeit? Was finde ich schön in dieser Zeit? Wie beziehe ich den Winter auf mein Leben?

5. PANTOMIME

Nun tanzt eine Gruppe eine Pantomime, die das Erleben des Winters zum Ausdruck bringt. Die Tanzenden stellen in ihren Gesten und Bewegungen Phänomene des Winters dar: das Fallen des Schnees, die dunklen Tage, das Eis auf den Straßen; aber auch die

Freuden des Winters, den Sport und die Bewegungen im Schnee. Sie stellen auch die Sonnenwende dar, die kurzen und die länger werdenden Tage, das Wachsen der Sonnenkraft. Zuletzt sprechen alle über diesen Tanz.

6. ROLLENSPIEL

Dann erzählt ein Teilnehmer eine Geschichte vom Winter, die er selbst erlebt und die ihn berührt hat; z. B. ein Unfall im Winter. Alle sprechen über diese Erzählung. Dann werden die Rollen verteilt: die Teilnehmer spielen diese Geschichte nach. Sie achten auf ihre Gefühle, die sie beim Spiel erleben. Zum Schluss sprechen sie über ihre Erfahrungen.

7. RITUAL

Die Leiterin (Der Leiter) erklärt das Ritual und die verwendeten Symbole. Alle bilden einen Kreis. Nun nimmt jeder einen kleinen Sack mit Holz und Steinen; der Sack symbolisiert die Schwere des Lebens. Diesen Sack trägt jeder im Raum gebückt, dann stellt er ihn in den Kreis. Nun liegen die Säcke in der Mitte, alle schauen auf sie. Die Leiterin (Der Leiter) spricht ein Segensgebet:

Gütiger Gott, schau auf die Lasten unseres Lebens. Und gib uns die innere Kraft, all das Schwere zu tragen, das auf uns fällt. Hilf uns, die Lasten des Lebens zu verwandeln. Darum bitten wir dich, jetzt und allezeit. Amen.

Nun tanzen alle um die abgelegten Säcke herum, sie umarmen sich. Dann nehmen sie die Säcke wieder auf die Schultern und tragen sie leichten Fußes aus dem Raum. Am Schluss salbt die Leiterin (der Leiter) jeden Teilnehmer mit gesegnetem Öl an der Stirn, um ihm für das neue Jahr viel Lebenskraft mitzugeben.

8. GEBETE

Du ewiger Gott, du bist der Lenker der Zeit und der Jahre. Du schenkst uns den Sommer und den Winter, das Wachsen und die Ruhe. Ein Jahr nach dem andern zieht dahin, immer können wir neu begin-

nen. Du schenkst uns neue Begegnungen und Aufgaben und hilfst uns, den Alltag zu ertragen. So begleitest du uns durch die Zeit und die Jahre, bei dir fühlen wir uns geborgen. Wir loben dich, jetzt und allezeit. Amen.

Fürbitten
Guter Gott, du Lenker des Lebens und der Jahre. Du schickst uns die Stunden des Leidens, aber auch der Freuden. Höre unsere Bitten:
— *Begleite uns in den Zeiten des Dunkels und des Leidens und lass uns nie das Vertrauen auf dich verlieren.*
  A.: Du Herr des Lebens, erhöre uns.
— *Stehe denen zur Seite, deren Leben schwer geworden ist und die im Leben keinen Ausweg mehr sehen.*
  A.: Du Herr des Lebens, erhöre uns.
— *Nimm von uns die Angst vor der Kälte des Winters und den Konflikten zwischen uns Menschen.*
  A.: Du Herr des Lebens, erhöre uns.
— *Gib uns die Kraft, dass wir einander in der kalten Jahreszeit innere Wärme und Geborgenheit zu schenken vermögen.*
  A.: Du Herr des Lebens, erhöre uns.
— *Lass uns auf dich schauen, wenn unser Leben schwer wird und die Kälte des Winters unsere Herzen lähmen will.*
  A.: Du Herr des Lebens, erhöre uns.
— *Schenke uns allen die Freude am Leben und lass uns voll Zuversicht in das neue Jahr hineingehen.*
  A.: Du Herr des Lebens, erhöre uns.
Denn du gibst uns die innere Kraft, dass wir das Schwere und Leidvolle im Leben verwandeln können. Du gehst an unserer Seite, Tag für Tag und Jahr für Jahr. Wir loben dich und wir danken dir, jetzt und allezeit. Amen.

9. LIEDER

Nun werden die Lieder gesungen, die vorbereitet wurden. Das können Volkslieder zum Winter sein, aber auch Kunstlieder und selbst verfasste Texte. Im Singen drücken wir unser inneres Erleben des Winters aus.

10. TANZ

Danach beginnt Musik zu spielen, und alle fangen zu tanzen an. In ihren Bewegungen drücken sie ihre Gefühle aus, aber auch ihre Wünsche und Sehnsüchte: das Erleben des Winters, die Sehnsucht nach Licht und Wärme, das Nachinnengekehrtsein; dann die Öffnung für das Neue, die Freude über das neue Jahr.

11. MAHL

Nach einer kurzen Ruhepause setzen sich alle um die vorbereiteten Tische und beginnen ein Mahl. Sie sprechen über ihre Erfahrungen des Winters und des Jahreswechsels. Die Leiterin (Der Leiter) spricht ein Gebet des Segens:

Guter Gott, du schenkst uns die Lebenszeit und begleitest uns durch alle Tage. Segne unser Mahl und unsere Gemeinschaft und lass uns in der Liebe wachsen. Wir loben dich, jetzt und allezeit. Amen.

12. VERABSCHIEDUNG

Nach dem Mahl verabschieden sich alle voneinander. Sie sagen sich ihre guten Wünsche für das neue Jahr. Und sie sprechen über den Termin für den nächsten Gottesdienst.

IV.
FÜR JUGENDLICHE

Große Zeiten des Jahres sollen
durch Feiern vertieft werden.

1. WEIHNACHTSZEIT

THEMA

Zur Zeit der Wintersonnenwende, wenn das Ende der längsten Nacht des Jahres erwartet wurde, huldigte man im alten Rom dem „Sol invictus", dem unbesiegten Sonnengott. Mit sicherem Instinkt adaptierte das junge Christentum diesen Termin und errichtete hier die Tradition des Weihnachtsfestes.

Der Prolog des Johannesevangeliums spricht vom „Logos", dem schöpferischen Wort Gottes. Dieses trägt Leben in sich und Licht. Durch die „Fleischwerdung" des Wortes ist der Menschheit die Möglichkeit eröffnet, auf den Weg der Wahrheit und der Erlösung zu gelangen. Durch das Eingreifen Gottes in die Weltgeschichte können wir Gesprächspartner dessen werden, der selbst das Wort ist, der unser Wort werden möchte.

1. BEGRÜSSUNG

Die Leiterin (Der Leiter) begrüßt die Teilnehmer, führt in das Thema des Gottesdienstes ein und informiert über den Verlauf. Es folgt das Eingangslied.

2. BILDMEDITATION

Am Beginn dieses Gottesdienstes soll eine Bildbetrachtung stehen. Eine Empfehlung wäre das Werk „Frau mit Kerze", ein Holzschnitt von Max Beckmann aus dem Jahr 1920.

Die Teilnehmer betrachten das gewählte Bild zunächst eine Zeit lang still (untermalende Musik); danach äußern sie ihre Eindrücke in der Gruppe. Dabei soll die Erinnerung an persönliche Lebenssituationen, die sich möglicherweise im Bild widerspiegeln, thematisiert werden.

3. LESUNGEN

a) Als gäbe es
Als gäbe es / einen Himmel / und eine aufblickende / Erde
Als gäbe es / leuchtendes Blau / dumpfes Braun
Als gäbe es / Erdworte / überirdische Worte
Als gäbe es / Deinwort Meinwort / dich und mich

Anfangen
Wer nicht redet / mit Engelszunge
Ein Mensch / nimmt den Mund voll / Zahlwörter Zeitwörter /
Hauptworte
spricht / verspricht sich
Der mit Menschenzunge sagt / das Anfangswort hör
ich / hier fang ich an / und höre nicht auf
(Rose Ausländer, Gelassen atmet der Tag)

b) Im Anfang war das Wort, und das Wort war bei Gott, und das
Wort war Gott. Im Anfang war es bei Gott. Alles ist durch das
Wort geworden, und ohne das Wort wurde nichts, was gewor-
den ist. In ihm war das Leben, und das Leben war das Licht der
Menschen. Und das Licht leuchtet in der Finsternis, und die
Finsternis hat es nicht erfasst.
Es trat ein Mensch auf, der von Gott gesandt war; sein Name
war Johannes. Er kam als Zeuge, um Zeugnis abzulegen für das
Licht, damit alle durch ihn zum Glauben kommen. Er war nicht
selbst das Licht, er sollte nur Zeugnis ablegen für das Licht.
Das wahre Licht, das jeden Menschen erleuchtet, kam in die
Welt. Er war in der Welt, und die Welt ist durch ihn geworden,
aber die Welt erkannte ihn nicht. Er kam in sein Eigentum, aber
die Seinen nahmen ihn nicht auf. *(Johannes 1,1–5)*

4. MEDITATION

Nach einer persönlichen stillen Reflexion des Gehörten sprechen
die Teilnehmer nun darüber, welche Bedeutung im Johannesprolog und
in den Gedichten von Rose Ausländer dem „Wort" beigemessen wird.

Welche Verbindungen zwischen den Texten gibt es? Welchen Stellenwert haben Sprache und Kommunikation für uns selbst?

5. Rollenspiel (Pantomime)

Im Folgenden könnte eine persönliche Spracherfahrung in den Mittelpunkt gestellt werden, indem sie aus dem vorausgegangenen Gespräch gewählt und von einigen der Teilnehmer in einem Rollenspiel nachgespielt wird. Alternativ bzw. zusätzlich kann ein solches Erlebnis auch pantomimisch dargestellt werden. Die Akteure bemühen sich um Einfühlung in die erzählte Situation.

Es folgt ein Austausch der Empfindungen auf Seiten der Darsteller und Zuschauer: Was ist wertvoll oder problematisch am gezeigten Umgang mit Worten? Wie können wir in unserem Leben konstruktiv reden und kommunizieren? Wie kann dialogisches Leben (zwischen Menschen, zwischen Mensch und Gott) gelingen?

6. Ritual

Für die nun folgende Aktion erhält jeder eine Karte, die beispielsweise in Form eines Sterns zugeschnitten ist. Die Karten können auch mit einem Goldrand versehen sein oder auf andere Weise den zugedachten Inhalt hervorheben.

Es schließt sich eine von Musik begleitete Phase der Besinnung an, während der/die Teilnehmer noch einmal alle bisherigen Gedanken und Äußerungen Revue passieren lassen. Jeder überlegt, welches für ihn das Wort sein könnte, auf das es ankommt, und schreibt es auf. Alle legen ihre Karte in die Mitte, wo zuvor etwas Stroh ausgelegt worden ist. So „betten" alle ihr Wort in das „Stroh der Welt". Ein anderer Deutungsansatz: Sie lassen es in ihren „Seelengrund" sinken. Nachher äußern die Teilnehmer, was sie empfunden und beobachtet haben.

Mögliche Leitfragen: Traue ich mir zu, mein Leben zu verändern? Rechne ich mit einer mein Leben umgestaltenden Kraft? Halte ich es für denkbar, dass etwas mit meinem Zutun die Welt verändern kann?

7. GEBETE

Seit dem Anfang der Zeiten bist du, Gott, das Wort des Lebens: Mit schöpferischer Sprache hast du das Universum ins Dasein gerufen. Immer noch sprichst du auch in diese Welt, auch in unsere unscheinbare Existenz. Wenn wir auf dein Wort vertrauen, leben wir im Licht.

Heute feiern wir deine Menschwerdung und deine bleibende Gegenwart. Du bist der verlässliche Beistand, der sichere Grund unseres Lebens. Denn du selbst bist die Wahrheit. Darüber freuen wir uns, dafür danken wir dir. Amen.

Fürbitten

Gott, in unserer Freude wollen wir nicht vergessen: Bei deiner Ankunft war kein Platz für dich in dieser Welt. Die Finsternis hat dein Licht nicht erfasst; die Welt hat dich nicht erkannt. Höre unser Beten:

- *Wo die Dunkelheit des Krieges der letzten Hoffnung auf Überleben keine Chance lässt,*
  A.: da sei du nicht fern, Licht der Menschen!
- *Wo die Dunkelheit des Egoismus die Lebensfreude der anderen schwinden lässt,*
  A.: da sei du nicht fern, Licht der Menschen!
- *Wo die Dunkelheit der Gewalt die Vision des Friedens zunichte macht,*
  A.: da sei du nicht fern, Licht der Menschen!
- *Wo Irrtum uns beherrscht und wir der Selbsttäuschung ausgeliefert sind,*
  A.: da sei du zugegen, Gott der Wahrheit!
- *Wo Zweifel uns erfüllt und wir der Verzweiflung zum Opfer fallen,*
  A.: da sei du nicht fern, Licht der Menschen!
- *Wo Lüge nach uns greift und wir die Aufrichtigkeit preisgeben,*
  A.: da sei du zugegen, Gott der Wahrheit!
- *Wo Menschen am Ende sind, weil eine Beziehung endgültig zerbrochen ist,*
  A.: da sei du an ihrer Seite, Gott des Anfangs!

– *Wo Menschen nicht mehr weiter wissen, weil schwere Krankheit sie niederdrückt,*
A.: da sei du an ihrer Seite, Gott des Anfangs!
– *Wo Menschen keinen Ausweg mehr sehen, weil sie in ihrem Leben keinen Sinn mehr erkennen,*
A.: da sei du an ihrer Seite, Gott des Anfangs!
Wo tut sich ein neuer Weg auf? Du weißt es. Dahin lenke die Schritte all derer, die suchen. Führe sie zur Wahrheit, sei ihr Licht. Sprich zu uns das Wort des Lebens. Amen.

9. LIEDER / TANZ

In einigen Liedern sollen nun die Freude über das Geschenk der Weihnacht und die Dankbarkeit zum Ausdruck gebracht werden; aber auch die Hoffnung und Erwartung, die die Feiernden in ihrem Leben begleiten werden. Diese Empfindungen können im Tanz ihre eigene Sprache finden.

10. MAHL

Es schließt sich das Mahl an, zu dem sich die Teilnehmer nun in den dafür vorbereiteten Raum begeben. Am Anfang steht das Segensgebet, das z. B. auf diese Weise gesprochen werden kann:
Gott, du hast uns zusammengeführt, du selbst bist das Wort, das uns gerufen hat und immer wieder ruft. So sei auch jetzt in unserer Mitte gegenwärtig und sprich dein Wort des Segens über diese Gaben, die wir aus deinen guten Händen empfangen! Amen.

11. VERABSCHIEDUNG

Das Mahl wird mit den Abschiedsworten beendet. Hier ist auch Gelegenheit geboten, einander persönliche Wünsche weiterzugeben. Außerdem wird der Zeitpunkt für das nächste Treffen verabredet.

Ein weihnachtliches Wort kann ganz am Ende der Feier stehen:
Lasst uns dem Leben trauen, weil diese Nacht das Licht bringen musste; lasst uns dem Leben trauen, weil wir es nicht allein zu leben haben, sondern Gott es mit uns lebt. (Alfred Delp)

2. OSTERZEIT

THEMA

Mit Ostern ist der Höhepunkt des Kirchenjahres und damit die Sinnspitze unseres Glaubens erreicht. „Ist aber Christus nicht auferweckt worden, dann ist unsere Verkündigung leer und euer Glaube sinnlos." So schreibt Paulus in seinem ersten Brief an die Gemeinde von Korinth (15,14). Mit der Frage nach der Tatsächlichkeit der Auferstehung steht und fällt also unser Glaube. „Der Herr ist wirklich auferstanden ...", ruft man den Emmausjüngern bei ihrer Rückkehr nach Jerusalem entgegen (Lk 24,34). Welche Art von Wirklichkeit aber verbirgt sich dahinter?

Mit diesem Gottesdienst begeben sich die Teilnehmer in die Mitte des Glaubens und der Hoffnung der Christen: Hier stehen sich Finsternis und Licht, Verzweiflung und Zuversicht, Unwissenheit und Erkenntnis, Vergänglichkeit und Ewigkeit gegenüber. Hier kommt es zur Begegnung von Verwundung und Heilung, Schmerz und Freude, Leid und Erlösung, Tod und Leben. Ostern bedeutet nicht zuletzt, dass sich der Prozess des Übergangs und des Wandels in der Begegnung von Menschen realisiert.

1. BEGRÜSSUNG

Die Leiterin (Der Leiter) begrüßt die Anwesenden, gibt eine kurze Einführung in die Thematik und erklärt den geplanten Ablauf. Dann beginnt der Gottesdienst mit dem Eröffnungslied.

2. LESUNGEN

a) *Den ganzen Tag über spielten sie, und am Abend kamen sie zu dem Riesen, ihm gute Nacht zu sagen. „Aber wo ist euer kleiner Spielgefährte?" fragte er, „der Junge, den ich in den Baum gehoben habe?" Der Riese liebte diesen am zärtlichsten, denn der hatte ihn geküsst.*

„Das wissen wir nicht", antworteten die Kinder, „er ist weggegangen."

„Ihr müsst ihm bestellen, dass er morgen ganz bestimmt herkommen soll", sagte der Riese. Doch die Kinder sagten, sie wüssten nicht, wo er wohne, und sie hätten ihn nie vorher gesehen; und das machte den Riesen sehr traurig.

Jeden Nachmittag, wenn die Schule aus war, kamen die Kinder und spielten mit dem Riesen. Der kleine Junge jedoch, den der Riese liebte, ward nicht wieder gesehen. Der Riese war sehr freundlich zu den Kindern allen, aber er sehnte sich nach seinem ersten kleinen Freunde und sprach oft von ihm. „Wie gern würde ich ihn wiedersehen!" sagte er dann immer.

Jahre vergingen, und der Riese wurde sehr alt und schwach. Er konnte nun nicht mehr draußen spielen; so saß er in einem riesigen Großvaterstuhl und sah den Kindern bei ihren Spielen zu und ergötzte sich an seinem Garten. „Viele schöne Blumen habe ich", sagte er, „aber die Kinder sind die schönsten von allen."

Eines Wintermorgens, als er sich eben anzog, blickte er zufällig aus dem Fenster. Er hasste den Winter jetzt nicht mehr, denn er wusste, dass der Winter nichts ist als der schlummernde Frühling und dass die Blumen währenddes nur ausruhen.

Plötzlich rieb er sich die Augen vor Staunen und schaute und schaute. Es war auch wirklich ein zauberischer Anblick. Im entferntesten Winkel des Gartens war ein Baum ganz bedeckt mit lieblichen weißen Blüten. Seine Zweige waren von lauterem Gold, und Silberfrüchte hingen von ihnen nieder, und unter dem Baum stand der kleine Junge, den er geliebt hatte.

Die Treppe hinab lief der Riese in großer Freude und hinaus in den Garten. Er ging eilends über den Rasen auf das Kind zu, und als er ganz dicht heran war, rötete sich sein Gesicht vor Zorn, und er sagte: „Wer hat gewagt, dich zu verwunden?" Denn in des Kindes Händen waren die Male zweier Nägel, und die Male zweier Nägel waren an seinen kleinen Füßen.

„Wer hat gewagt, dich zu verwunden?" rief der Riese. „Sag es mir, auf dass ich mein großes Schwert nehme und ihn erschlage."

„Nein!" erwiderte das Kind, „nein, denn dies sind die Wunden der Liebe."

„Wer bist du?" sagte der Riese, und eine seltsame Scheu überfiel ihn, und er kniete nieder vor dem kleinen Kinde.

Und das Kind lächelte auf zu dem Riesen und sprach zu ihm: „Einst ließest du mich in deinem Garten spielen; heute sollst du in meinen Garten mit mir kommen, der da ist das Paradies."

Und als die Kinder an diesem Nachmittag hereingesprungen kamen, fanden sie den Riesen tot unter dem Baume liegen, ganz überdeckt von weißen Blüten. (Oscar Wilde, Der eigensüchtige Riese)

b) Thomas, genannt Didymus (Zwilling), war nicht bei ihnen, als Jesus kam. Die anderen Jünger sagten zu ihm: „Wir haben den Herrn gesehen." Er entgegnete ihnen: „Wenn ich nicht die Male der Nägel an seinen Händen sehe und wenn ich meinen Finger nicht in die Male der Nägel und meine Hand nicht in seine Seite lege, glaube ich nicht."

Acht Tage darauf waren seine Jünger wieder versammelt, und Thomas war dabei. Die Türen waren verschlossen. Da kam Jesus, trat in ihre Mitte und sagte: „Friede sei mit euch!" Dann sagte er zu Thomas: „Streck deinen Finger aus – hier sind meine Hände! Streck deine Hand aus und leg sie in meine Seite und sei nicht ungläubig, sondern gläubig!" Thomas antwortete ihm: „Mein Herr und mein Gott!" Jesus sagte zu ihm: „Weil du mich gesehen hast, glaubst du. Selig sind, die nicht sehen und doch glauben". (Johannes 20,24–29)

3. MEDITATION

Zunächst folgen einige Minuten der persönlichen Besinnung. Schon hier oder erst beim anschließenden Austausch können folgende Frage-Impulse gegeben werden: Mit welchen Augen sieht der Riese? Welche Qualität von Erkenntnis stellt sich ein? Welchen Stellenwert hat in der Evangelienerzählung das Sehen, welchen der Glaube? Welchen Rang haben diese Fähigkeiten in meinem Leben? Wie steht es um das

Verhältnis von Sehen und Glauben? Wie kann Glauben ohne Sehen gelingen? Welche Bedeutung hat die Zusage des Friedens für Thomas, welche für mich? Welche Bedeutung kommt den Wunden in beiden Erzählungen zu?

4. Pantomime

Abhängig von der Intensität des Gedankenaustausches können nun vertiefend einzelne Szenen aus den Texten oder anderen Zusammenhängen dargestellt werden.

5. Ritual

Vor dem Hintergrund des Gehörten und Gesehenen, von Erinnerungen und aktuellen Erfahrungen, folgt nun (untermalt von Instrumentalmusik) das Ritual, welches sich in einer ganz schlichten Geste vollziehen soll: Jeder schreibt seinem Nachbarn zur linken und rechten Seite (der dabei die Augen schließen kann) mit dem Zeigefinger einen Wunsch in die Hand. Das kann ein einzelnes Wort sein, aber auch ein ganzer Satz – je nachdem, wie viel Offenheit, Mut und Geduld der Schreibende und der zu Beschreibende aufbringen.

Jeder gibt etwas und empfängt etwas. In diesem Bewusstsein reichen anschließend alle einander die Hand und geben so all das weiter, was sie zuvor ausgeteilt und erhalten haben.

6. Bildmeditation

Ein Bild kann nun noch einmal zu stiller Besinnung einladen. Empfohlen wird das Werk „Christus und Thomas", welches Ernst Alt 1977 geschaffen hat. Das Gemälde soll auch bei den jetzt folgenden Gebeten als Blickpunkt dienen.

7. Gebete

Jesus, wir möchten an die Wirklichkeit deiner Auferstehung glauben. Denn nur, wenn du aus dem Dunkel des Todes in das Licht vorausgegangen bist, können wir dir auf deinem Weg folgen. Du siehst, wie auch wir zweifeln; du hörst, wie wir Beweise fordern und Sicherheit. So lehre uns den Weg des Vertrauens; sprich zu uns, wenn unser

Mut und unsere Kraft schwinden, wenn unser Glaube zu zerbrechen droht. Schau uns an, Jesus, und dein Blick trifft uns. Zeige uns, dass du lebst, damit auch wir leben! Amen.

Fürbitten
Du Lamm Gottes, du Licht in den Dunkelheiten unseres Lebens, zu dir beten wir:
– *Was Menschen einander antun können, weil ihr Herz verhärtet und erkaltet ist, weil sie erstarrt sind in Selbstgefälligkeit und Ichsucht; was wir einander zumuten und zufügen, das tragen wir vor dich hin: Durch die Wunden der Liebe heile uns von unserer Lieblosigkeit! (Stille)*
– *Wo Hass und Feindschaft herrschen, wo unsere Erde die Male des Krieges trägt, wo sie in Flammen steht und in Trümmern liegt, wo sich blühende Landschaften in Gräberfelder verwandeln: Da sprich das Wort deines Friedens! (Stille)*
– *Wenn Krankheit das Leben bedroht, wenn Angst das Handeln lähmt, wenn Trauer das Licht vertreibt, wenn Schuld die Gemeinschaft zerbricht: Dann gewähre Gesundung und Freiheit, dann schenke Freude und Vergebung! (Stille)*
Sei uns nah, österlicher Christus, dort und hier, heute und morgen. Bleibe bei uns mit deiner Güte und lenke unsere Schritte auf den Weg des Friedens! Das vermagst du, der du die Auferstehung und das Leben bist. Amen.

8. Lied(er)

In einem oder auch mehreren Liedern findet nun der erste Teil der Feier seinen Abschluss. Das Singen drückt die Freude über das Ereignis der Auferstehung aus; es spricht von Grund und Ziel unserer christlichen Hoffnung.

9. Mahl

Nun finden sich alle in dem Raum ein, der für das Mahl ausgestaltet und hergerichtet worden ist. Vor dem Segensgebet (oder erst bei der Verabschiedung) kann die Leiterin (der Leiter) noch einmal an die Geste des Rituals erinnern und so die Symbolik der Hände (Teilen der Gaben) nachhaltig ins Bewusstsein stellen. Dann folgt das Gebet:

Wie du, Jesus, mit deinen Freunden Mahl gehalten hast, so wollen auch wir es heute tun. Segne das Brot, den Wein und alles, was uns sättigen und erfreuen soll. Sei nun selbst als Auferstandener zu Gast in unserer Gesellschaft. Aus deinen Händen empfangen wir die Gaben, deinen Frieden, unseren Glauben an das Leben. Du möchtest, dass wir auch an die Menschen denken, die all das nicht haben: Sende uns aus als Boten der Hoffnung. Mache uns fähig zur Liebe! Amen.

10. VERABSCHIEDUNG

Die Feier endet mit der Vereinbarung des nächsten Treffens und dem Austausch von persönlichen Wünschen.

Das folgende „Wort für den Weg" kann den Schlusspunkt setzen:

Es ist zu wenig, wenn du täglich bloß dein Kreuz auf dich nimmst. Du musst auch mit Christus Tag für Tag auferstehen. (Josef Dirnbeck/Martin Gutl)

3. PFINGSTZEIT

THEMA

Pfingsten, eines der höchsten kirchlichen Feste, der Geburtstag der Kirche, verliert im öffentlichen Bewusstsein an Bedeutung. Der inflationäre Trend ist unübersehbar. Aber selbst dann, wenn man einmal von dieser Entwicklung absieht, scheint Pfingsten nicht wenigen auch nach 2000 Jahren irgendwie fremd geblieben zu sein. Zu Weihnachten und zu Ostern ist die „Gefühlslage" deutlich weniger problematisch. Hat das einfach mit der jeweiligen Jahreszeit zu tun? Oder liegt dies darin begründet, dass die Wirklichkeit des Heiligen Geistes schon immer schwer zu verkünden und zu vermitteln war? Wird das Sprechen von „Dreieinigkeit" und „göttlichen Personen" dadurch verständlicher, dass man den Heiligen Geist heute gern vereinfachend als „Band der Liebe zwischen Vater und Sohn" bezeichnet?

In diesem Gottesdienst soll dem Nachdenken über die Unaussagbarkeit und Uneinholbarkeit dessen, was „Heiliger Geist" meint, Raum gegeben werden. Es sollen aber auch Möglichkeiten bedacht werden, wie wir in unserem Denken und Sprechen, in unserem Beten und Handeln dem Unbegreiflichen, mag es auch paradox klingen, näher kommen und aus einer neu zu gewinnenden Spiritualität Prinzipien und Modelle christlichen Lebens formulieren und realisieren können.

1. BEGRÜSSUNG

Die Leiterin (Der Leiter) begrüßt die Anwesenden und gibt eine kurze Hinführung zum Thema. Sie (Er) stellt den Verlauf des Gottesdienstes dar und ermutigt dazu, aktiv zur Gestaltung und zum Gelingen beizutragen. Nach einem gemeinsamen Lied folgen die beiden Lesungen.

2. LESUNGEN

a) Amsterdam, 21. Oktober 1877.
Solch ein Feuer des Geistes und der Liebe ist eine Kraft Gottes gegen die dunklen und bösen und schrecklichen Dinge der Welt und gegen die dunkle Seite des Lebens; es ist eine Kraft der Auferstehung, stärker als jede Tat und ein Hoffnungsstrahl, der den geheimen Tiefen des Herzens Bewusstsein und Sicherheit bringt. Es findet Ausdruck in Worten, die einfach, aber beredt sind: „Ich verzweifle nie."

Amsterdam, 3. April 1878.
Wir sind Menschen, die im Feuer des Lebens geprüft werden müssen, um innerlich gestärkt und gefestigt zu werden und das zu werden, was sie durch die Gnade Gottes von Natur aus sind.

Cuesmes, Borinage, Juli 1880.
In unserer Seele kann ein großes Feuer brennen, und doch
kommt nie jemand, um sich daran zu wärmen, und die Vorü-
bergehenden sehen nur eine leichte Rauchwolke aus dem Kamin
aufsteigen und gehen ihres Weges. Sieh, was kann man dabei
tun? Muss man das innere Feuer schüren, Salz in sich haben,
geduldig und dennoch mit welch großer Ungeduld auf die Stunde
warten, in der jemand kommt und sich hinsetzt, um vielleicht zu
bleiben? Mag der, welcher an Gott glaubt, auf die Stunde war-
ten, die früher oder später kommen wird.

Paris, 1887.
Wer Feuer in sich und Seele hat, kann sie nicht unter einem
Scheffel verstecken, und – man will lieber brennen als ersticken.
(Vincent van Gogh, Briefe an seinen Bruder Theo)

b) *Als der Pfingsttag gekommen war, befanden sich alle am gleichen*
Ort. Da kam plötzlich vom Himmel her ein Brausen, wie wenn
ein heftiger Sturm daherfährt, und erfüllte das ganze Haus, in
dem sie waren. Und es erschienen ihnen Zungen wie von Feuer,
die sich verteilten; auf jeden von ihnen ließ sich eine nieder. Alle
wurden mit dem Heiligen Geist erfüllt und begannen, in fremden
Sprachen zu reden, wie es der Geist ihnen eingab.
In Jerusalem aber wohnten Juden, fromme Männer aus allen
Völkern unter dem Himmel. Als sich das Getöse erhob, strömte
die Menge zusammen und war ganz bestürzt; denn jeder hörte
sie in seiner Sprache reden. Sie gerieten außer sich vor Staunen
und sagten: Sind das nicht alles Galiläer, die hier reden? Wieso
kann sie jeder von uns in seiner Muttersprache hören: Parther,
Meder und Elamiter, Bewohner von Mesopotamien, Judäa und
Kappadozien, von Pontus und der Provinz Asien, von Phrygien
und Pamphylien, von Ägypten und dem Gebiet Libyens nach
Zyrene hin, auch die Römer, die sich hier aufhalten, Juden und
Proselyten, Kreter und Araber, wir hören sie in unseren Spra-

chen Gottes große Taten verkünden. Alle gerieten außer sich und waren ratlos. Die einen sagten zueinander: Was hat das zu bedeuten? Andere aber spotteten: Sie sind vom süßen Wein betrunken. (Apostelgeschichte 2,1–13)

3. Meditation

Jeder versucht nun in einer stillen Zeit, dem Sinn des Gehörten auf die Spur zu kommen. Anschließend tauschen alle ihre Empfindungen und Gedanken aus und bemühen sich, gemeinsam herauszufinden, wo sich die Texte und das eigene Leben berühren.

4. Bildmeditation

Begleitet von Instrumentalmusik schließt sich die Betrachtung eines Bildes an; z. B. von Emil Noldes Werk „Pfingsten", einem im Jahr 1909 entstandenen Ölgemälde. Dieses Bild scheint besonders gut geeignet, da es, beheimatet im Expressionismus, ein ziemlich extremes Beispiel religiöser Kunst darstellt. Die Malweise des Künstlers vermag starke Emotionen wachzurufen; bisweilen kann sie auch heftigen Widerspruch und Ablehnung auslösen.

In einer ersten stillen Phase der Betrachtung setzen sich alle, möglichst vorurteilsfrei, dem Eindruck des Bildes aus. Dabei können die folgenden Leitfragen eine Hilfe sein: Worin ist die Dynamik des Bildes begründet? Welche Wirkung geht von den Farben aus? Was sagen die Gesichter, was sagen die Gesten der Hände? Hat das Bild etwas mit mir zu tun? Finde ich mich vielleicht sogar in einer der abgebildeten Gestalten wieder? Oder bleibt mir dieses Bild in seiner ungewöhnlichen und radikalen Art letztlich fremd und suspekt?

Die Teilnehmer sprechen abschließend über ihre Gefühle und Gedanken.

5. Lied

Es bietet sich an, nun ein Lied zu singen. So kann die Thematik weiter entfaltet werden; gleichzeitig können die Komplexität und Intensität des Vorhergehenden aufgefangen werden.

6. Rollenspiel (Pantomime)

Ausgangspunkt sollen die Impulsfragen sein: Wann und wo habe ich mich selbst schon „begeistert" gefühlt? Wie hat sich dieses Erlebnis für mich ausgewirkt? Kenne ich solche Erfahrungen überhaupt, oder sind mir derartige „Zustände" fremd? Welche Art von Temperament habe ich? Bin ich ein Mensch, der andere begeistern kann? Wie gelingt mir das? Warum gelingt mir so etwas nur selten bzw. gar nicht?

Nach einem Austausch können einige aus der Gruppe ausgewählte Situationen nachstellen. Es folgt das abschließende Gespräch.

7. Ritual

In der jetzt beginnenden Aktion soll von allen ein „Flammennetz" geknüpft werden. Dazu erhält jeder einen wollenen Faden (Gelb-, Rot-, Orangetöne), den er mit einem anderen Faden verbinden kann:

Möchte ich mich integrieren? Wie weit lasse ich mich „einbinden" und „vernetzen"? Zur Untermalung empfiehlt sich Instrumentalmusik.

Das Gefühl, das fertige und gemeinsam geknüpfte Netz miteinander zu halten, soll zur Geltung kommen. Dann legen die Teilnehmer es in der Mitte aus oder hängen es, für alle sichtbar, an eine Wand.

8. Gebete

Gott, die Flamme deines Geistes ist eine Gabe, von der wir uns anstecken lassen sollen. Du schenkst uns diese Gabe aber auch, damit wir sie an andere weitergeben. Dein Feuer wärmt uns, ermutigt uns, begeistert uns. Wir aber sollen auch die andern wärmen, ermutigen, begeistern. Das ist deine Einladung, deine Aufforderung, deine Herausforderung an uns. Wenn wir uns von deinem Feuer entflammen lassen, wenn wir bereit sind und es schaffen, einander zu entzünden und zu begeistern, dann ist das Feuer deines Geistes eine lebenspendende Kraft, dann ist es ein Netz, das uns trägt. Amen.

Fürbitten

Jesus hat seinen Freunden die „Kraft aus der Höhe" verheißen, und er hat ihnen aufgetragen, seine Zeugen zu sein. So wollen wir beten:

– *Unsere Zeit braucht lebendige Wegbereiter einer lebenswerten Zukunft, nicht aber Verkünder windiger Ideen und stürmischer Ideologien.*

Bewahre uns, Gott, vor den Gefahren eines blinden Aktionismus. Bewahre aber in uns die Dynamik deines Geistes!

A.: Bewahre sie in uns!

– *Unsere Welt braucht glühende Boten des Friedens, nicht aber hitzige Konstrukteure schöner neuer Welten.*

Bewahre uns, Gott, vor der Versuchung des Fanatismus. Bewahre aber in uns die Glut deines Geistes!

A.: Bewahre sie in uns!

– *Unser Leben braucht vielfältige Wege der Vermittlung und Kommunikation, nicht aber die elitäre Sprache lebensferner Eingeweihter und Experten.*

Bewahre uns, Gott, vor dem Chaos der Informationen. Bewahre aber in uns die Mitteilsamkeit deines Geistes!

A.: Bewahre sie in uns!

Dass auch wir den Mut haben, für deine Gegenwart Zeugnis abzulegen, und dass es uns gelingt, dieses Zeugnis in die Tat umzusetzen – dazu sende, Gott, die Kraft deines Heiligen Geistes auf uns herab! Amen.

9. Lieder / Tanz

Das Gehörte und Gesehene, die Erfahrungen und Gebetsanliegen können nun in einigen Liedern vertiefend artikuliert werden. Entsprechend der aufgekommenen Atmosphäre können die Empfindungen in freier Bewegung Ausdruck finden.

10. MAHL

In dem dafür hergerichteten Raum findet nun das abschließende gemeinsame Mahl statt.

An dieser Stelle bietet sich die Möglichkeit, ein weiteres Bild zu zeigen. Im selben Jahr 1909 hat Emil Nolde ein Werk mit dem Titel „Abendmahl" geschaffen, ebenfalls ein Ölgemälde, das auf Grund der Farbgebung, des Aufbaus und der Konstellation der abgebildeten Personen als Pendant des Bildes „Pfingsten" erkennbar ist. So kann der Ursprung des Festes noch einmal verdeutlicht werden und damit die Verbindung zu dem, in dessen Geist diese Feier stattfindet. Eindrucksvoll und von nachhaltiger Wirkung wäre sicher eine gleichzeitige Projektion der Bilder, die auch im weiteren Verlauf einen Blickpunkt bieten können.

Vor dem nun beginnenden Mahl spricht die Leiterin (der Leiter) oder eine andere Person ein Gebet, z. B. mit folgenden Worten:

Jesus, in deinem Geist haben wir uns hier versammelt. Es ist der Geist der Freundschaft und der Verbundenheit, der Zuneigung und der Liebe, die uns eint. Das Zeichen dafür soll nun dieses Mahl sein. Wir danken dir für alles, was wir jetzt miteinander teilen dürfen. Segne diese Gaben und unsere Gemeinschaft! Amen.

11. VERABSCHIEDUNG

Mit der Vereinbarung der nächsten Zusammenkunft endet nun die Feier. Zum Abschied kann die Leiterin (der Leiter) den Teilnehmern ein Zitat mit auf den Weg geben, in dem das Pfingstereignis noch einmal Ausdruck findet:

Der Pfingsttag kennt keinen Abend, denn seine Sonne, die Liebe, kennt keinen Untergang. (Unbekannter Verfasser)

HINWEIS ZU DEN AUTOREN

Die Gottesdienste der Kapitel I bis III wurden in einem Team verfasst: Doris Walter, Ursula Eberhard, Christa Hellstern, Waltraud Hutter.

Die Gottesdienste des Kapitels IV stammen von Ludger Schwarzwald.

VERZEICHNIS DER TEXTE

1. KAPITEL

1. Albert Camus: Hochzeit in Tipasa; Psalm 104.
2. Eugen Drewermann: Der tödliche Fortschritt; Genesis 9.
3. Jean-Paul Sartre: Der Teufel und der liebe Gott; Psalm 130.
4. Albert Camus: Hochzeit in Tipasa; Vincente Aleixandre: Nackt wie der glühende Stein; Hohes Lied 4–5.
5. Simone Weil: Schwerkraft und Gnade; Psalm 28 und 130.
6. Friedrich Nietzsche: Die Geburt der Tragödie; Römerbrief 7.
7. Franz Kafka: Briefe an Max Brod; Kohelet 2.
8. Tao teh ching, 1–6; Psalm 29.
9. Vincente Aleixandre: Nackt wie der glühende Stein; Lukas 1.

2. KAPITEL

1. Gertrud Kolmar: Tagträume; Psalm 23.
2. Friedrich Rückert: Gedichte; 1. Korintherbrief 13.
3. Gertrud Kolmar: Tagträume; Lukas 1.
4. Gertrud Kolmar: Dies; Hohes Lied 4 und 5.
5. Franz Kafka: Briefe an Max Brod; Buch der Sprüche 3 und 5.
6. Franz Kafka: Briefe an Milena; Jesus Sirach 5.
7. Simone Weil: Das Unglück und die Gottesliebe; Hijob 6–7.
8. Georges Bernanos: Brief an Fernandez; Buch der Sprüche 10–12.

9. Georges Bernanos: Wir Franzosen; Psalm 34.
10. Rainer Maria Rilke: Requiem für eine Freundin; Markus 15.

3. KAPITEL

1. Else Lasker-Schüler: Weihnachten; Matthäus 3.
2. Else Lasker-Schüler: Baum der Weihnacht; Lukas 2.
3. Charles Baudelaire: Der allzu Frohen; Kohelet 3.
4. Georges Bernanos: Tagebuch eines Landpfarrers; Psalm 15.
5. Paul Claudel: Kristof Kolumbus; Matthäus 28; Kolosserbrief 3.
6. Paul Claudel: Rose und Rosenkranz; André Gide:
   Die rechte Pforte; Apostelgeschichte 2.
7. Albert Camus: Hochzeit in Tipasa; Psalm 36.
8. Friedrich Hölderlin: Friedensfeier; Psalm 8.
9. Gertrud Kolmar: Leda; Psalm 65.
10. Gertrud Kolmar: Die Einsame; Jesus Sirach 25.
11. Else Lasker-Schüler: Letzter Abend im Jahr; Psalm 42.

4. KAPITEL

1. Rose Ausländer: Gelassen atmet der Tag; Johannes 1.
2. Oscar Wilde: Der eigensüchtige Riese; Johannes 20.
3. Vincent van Gogh: Briefe an seinen Bruder Theo;
   Apostelgeschichte 2.